JN247369

Gakken

学コレ
大学学部案内学部コレクト

［絵］けーしん

本書の利用にあたって

本書は、大学の学部・学科で学ぶ内容について、系統別に解説しています。この系統は、学部・学科を大まかに理解しやすくするために分類したものであり、学術上の厳密な分類ではないことをご了承ください。学部・学科の名称や構成、組織は、大学によって異なり、近年では組織改編や新増設もさかんです。また、一部大学では取得可能な資格・検定などが異なる場合もございます。いずれも、最新の情報につきましては、各大学の公式サイトなどで必ずご確認いただけますようお願い申し上げます。

本書では、2020年1月現在の情報をもとに、主要な学部・学科や基軸となる学部・学科を抜粋して編集しています。各学部の
DATABASE に掲載されている「学生数」および「男女比」は、文部科学省「学校基本調査(2019年度)」に基づいて、その他の項
目につきましては、現役大学生へのアンケートや大学関係者への取材などに基づいて作成しています。

はじめに

Introduction

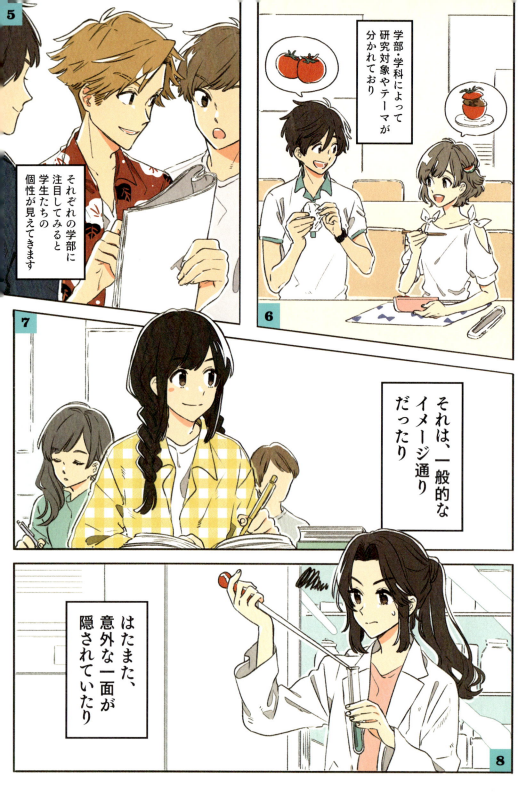

それぞれの学部に注目してみると学生たちの個性が見えてきます

学部・学科によって研究対象やテーマが分かれており

それは、一般的なイメージ通りだったり

はたまた、意外な一面が隠されていたり

さまざまな
エピソードを通して
そのようすを
のぞいて
いきましょう

各学部の学生たちは
講義や実験・実習など
をはじめとして

どのような
キャンパスライフを
過ごしているのでしょうか

あなたに
ぴったりな学部と
出会うため

オープンキャンパスの
はじまりです!

OPEN CAMPUS 7/27.28

もくじ
Contents

文系

人文科学系統

社会科学系統

文理融合系

教養・総合科学系統

教育系統

学部・学科の探し方

Finding a faculty or department for you

大学には学部があり、そのなかにいくつかの学科が置かれています。学部・学科の名称や教育内容は時代とともに多様化が進み、現在、大学にはなんと約500種類の学部と約1900種類の学科が存在します。この数多くの学部・学科のなかから、いったいどのようにして自分に合ったものを探せばよいのでしょうか。

 POINT 1　将来就きたい職業・職種、資格に結びつく学部・学科を探す！

医師や教員など、希望する職業が資格や免許に直結している場合は、進学先はそれらが取得できるカリキュラムのある学部・学科におのずと決まってきます。また、会社員や公務員など、文系・理系問わず、さまざまな学部から就くことのできる職業の場合でも、やはり将来の進路を見据えた学部・学科選びは重要です。各学部における先輩たちのおもな進路などを参考に、目指す業界・業種に関連する知識を学べるカリキュラムがあるかどうかなどをチェックしておきましょう。

 POINT 2　得意分野や好きな分野をいかせる学部・学科を探す！

まだ将来のビジョンが定まっていない場合、自分のパーソナリティから考えていくのもひとつの方法です。どんなことが得意で、どの教科が好きか嫌いか。さらに、興味のある物事や性格の傾向などを、あらゆる角度から自分を分析してみましょう。すぐには思いつかない人も、いろいろな学部・学科から少しずつ絞り込んでいけば大丈夫。自分の好きなことを思いっきり学ぶことのできる大学生活は、かけがえのない時間になるでしょう。

行きたい大学から学部・学科を選ぶ!

多くの大学では、募集要項やパンフレットなどに掲載するアドミッション・ポリシーに、「こんな人に来てほしい」という求める学生像を記載しています。自分との相性を確認することができるため、入学後どのように活躍できるかといった未来の姿をぜひ想像してみましょう。また、経済面や立地面などの観点から、その大学に無理なく通うことができるかというのもやはり重要なポイント。もちろん、「キャンパスがおしゃれで素敵……」というような憧れだって、学部・学科を選ぶための最初のきっかけになります!

教えて先輩!

Q 学部はどうやって選んだの?

もともと数学が大好きで、大学に行ってからも数学を学んでいきたいというぼんやりとした気持ちから数学科を選びました。具体的に学びたいことは考えられていませんでしたが、好きな数学に毎日触れることができてとても充実した日々を送っています。(教育学部初等教育教員養成課程)

受験の前に学びたいことが福祉と決まっていたので、福祉を学ぶことができる学部を選択したいと思いました。担任の先生から、実際に勉強し始めて福祉に興味がなくなってしまうことに備えて幅広く学ぶことができる学部がいいのではないかと提案され、心理やメディアについても学ぶことができる社会学部を選択しました。(社会学部社会福祉学科)

私は大学受験のときは何をやりたいかが大まかにしか決まっておらず、ひとつのことを専攻するところだとそれがやりたくなくなったとき、その学部にいる必要がなくなるので、なるべくたくさんのことができるところを探し、そこからは自分の偏差値や通学時間などを考えて決めました。(総合情報学部総合情報学科)

キャンパスライフ

A year in a university

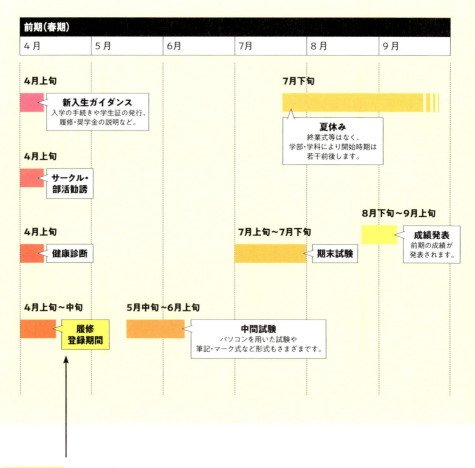

前期（春期）

| 4月 | 5月 | 6月 | 7月 | 8月 | 9月 |

4月上旬

新入生ガイダンス
入学の手続きや学生証の発行、
履修・奨学金の説明など。

7月下旬

夏休み
終業式等はなく、
学部・学科により開始時期は
若干前後します。

4月上旬

サークル・
部活勧誘

4月上旬

健康診断

8月下旬～9月上旬

成績発表
前期の成績が
発表されます。

7月上旬～7月下旬

期末試験

4月上旬～中旬

履修
登録期間

5月中旬～6月上旬

中間試験
パソコンを用いた試験や
筆記・マーク式など形式もさまざまです。

履修登録期間 シラバス（＊）を参照して、自分が履修したい講義を選び、登録します。いわば時間割を決める期間。きちんと登録していないと講義を受けても名簿にいないため単位がもらえません。人気講義は抽選になることも…！ 抽選に外れたら、追加履修登録などもあります。多くはパソコンでWEBから登録します。

（＊）シラバス：講義で扱う内容、獲得目標、使用する教科書、成績の評価方法、教授の連絡先などが載っているものです。時間割を組んだり教科書を購入したりするときは特に要チェックです。

ある大学生の一年

life on campus

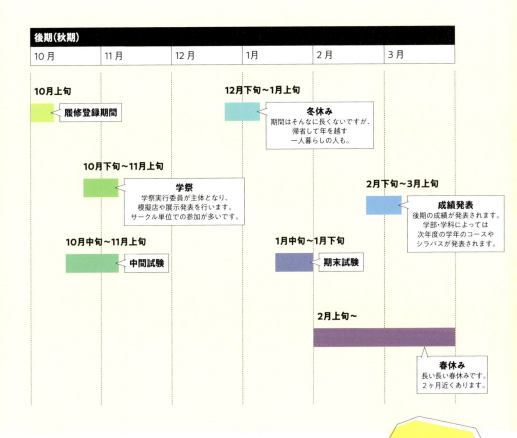

後期(秋期)						
10 月	11 月	12 月	1月	2 月	3 月	

10月上旬
履修登録期間

12月下旬~1月上旬
冬休み
期間はそんなに長くないですが、帰省して年を越す一人暮らしの人も。

10月下旬~11月上旬
学祭
学祭実行委員が主体となり、模擬店や展示発表を行います。サークル単位での参加が多いです。

2月下旬~3月上旬
成績発表
後期の成績が発表されます。学部・学科によっては次年度の学年のコースやシラバスが発表されます。

10月中旬~11月上旬
中間試験

1月中旬~1月下旬
期末試験

2月上旬~
春休み
長い長い春休みです。2ヶ月近くあります。

教えて先輩！

Q 長期休暇の過ごし方って？

旅行〔海外・国内〕

留学

ボランティア

自動車教習所

短期バイト

キャンパスライフ

A day in a university

平日

7:00	**起床**	1限のある日は、時間に余裕をもって起きます。気が向いたらお弁当を作ります。通学の際はスマホでニュースを見たりしています。
9:00	**講義開始**	講義にはパソコンが必須です。空コマ（講義のない時間）では課題をやったり、レポートを出したりと、時間を有効活用します。
12:00	**昼休み**	友達とごはんを食べます。ごはんは、大学構内の食堂やカフェで食べる人もいれば、お弁当を持参している人もいます。近所のお店に食べに行く人も。グルメ探訪がはかどります！
16:30	**講義終了**	サークルに顔を出します。バイトに行くこともあります。
21:30	**帰宅**	
21:45	**課題**	睡魔に負けずに頑張ります。
0:00	**就寝**	充実した一日でした！　おやすみなさい。

> **サークル**
> 自分と同じような趣味の人たちで集まって活動する団体のこと。高校までの部活動から、もっと内容の幅が広くなったようなイメージです。さまざまな人と交流することができる場でもあります！

教えて先輩！

Q 自宅生と一人暮らしの割合は？

自宅生 **47.8%**

52.2% 一人暮らし

うち寮生3.6%

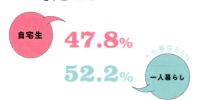
\38.2分/ 　\60.7分/ 　\83.2分/

文系　理系　医歯薬系

Q 一日の勉強時間は？

（大学生協調べ「第54回学生の消費生活に関する実態調査（2018年）」より）

ある大学生の一日
life on campus

休日

8:00	**起床**	休日は少し遅めに起きます。
10:00〜 17:00	**バイト**	がっつりバイトです。 お客様から褒められてうれしかったです。
19:00	**友達と 待ち合わせ**	気になっていたおしゃれなお店で、ディナーを食べます！
21:00	**帰宅**	ゆっくりお風呂に入ってリフレッシュ。
21:30	**課題**	週明けの講義に向けて、課題を進めます。
0:00	**就寝**	課題が進んで良かったです。明日に備えて、おやすみなさい。

> **アルバイト**
> 大学生はアルバイト収入がメインとなり、自分で稼いだお金でやりくりをしている人が多いです。

Q 一週間のアルバイトの時間は？

12.9時間

教えて先輩！

アルバイトの例

運送会社
力仕事から事務まで幅広い。早朝、大学に行く前に働けるメリットも。

ブライダルパーティー
披露宴や会社のパーティーなどで料理などのサービスをします。ほかのバイトに比べて、服装や礼儀作法などに厳しいことも多く、社会で役立つことが学べます。

レストラン
ランチ、ディナーなど時間帯はいろいろ。美味しいまかないに期待！

塾講師
生徒のカリキュラムを作成し、授業をします。生徒と接することで、コミュニケーション力もUP。

（大学生協調べ「第54回学生の消費生活に関する実態調査（2018年）」より）

大学でよく聞く! 用語解説

Campus terminology

【単位】 大学において必要な学習量のこと。大学や学部・学科によって、卒業までに必要な単位数が変わってきます。単位が足りないと、卒業できなかったり進級できなかったりすることがあります。

【講義】 授業のこと。講座やコマなど、いろいろな呼びかたをします。基本的には一人の担当教授が行いますが、複数の教授や講師が交代して受け持つタイプの講義もあります。

【レジュメ】 講義の内容などが書かれた資料のことです。いわゆる教科書やプリントのようなものだと考えてもいいかもしれません。試験などもそこに書かれた内容から出たりします。

【レポート】 授業の感想、あるテーマについて意見をまとめるもの、実験についてまとめるものなどがあります。先生によって、パソコンで作る場合もあれば手書きの場合もあります。

【GPA】 Grade Point Average の略で、多くの大学で導入されている制度です。授業ごとについた評価(成績)を平均したもので、高校でいう評定平均と似ています。

【研究室（ゼミ・ゼミナール）】 自分の興味のあることについて、より深く学ぶことができる場所。それぞれ教授について、少人数で研究を行います。そこでは、卒業論文の指導なども受けます。

【二外（にがい）】 「第二外国語」の略称。多くの大学では、フランス語やドイツ語など、英語以外の外国語の中から選択することになります。1・2年生の間は、必ず講義を受けなければいけない場合もあります。

【卒業論文】 自分でテーマを設定し、研究成果について論文を執筆します。4年生で研究室に所属し、そこで研究を行うのが一般的です。卒業論文が提出できないと、卒業できないことも……。

【学生証】 その大学の学生であるという証明書。大学によっては、講義の出欠を取るために使ったり、図書館に入るために必要だったりします。最近では、ICチップが搭載されているなどバリエーションも豊か。

【ポータルサイト】 大学からのお知らせを個人単位で受け取ることができるインターネットサイト。レポート課題の提出や、成績の確認、講義の出欠を取るために使うことも多いです。

Q 学費ってどのくらいかかるの?

初年度に納める入学金・授業料は以下の通りです。
施設設備費や実習費などが授業料と別に必要になる場合もあります。

国立大

文部科学省が定めた標準額の20%増を限度として、各大学が決定します。

入学金 282,000円	授業料 535,800円

＼合 計／
817,800円

（文部科学省令による標準額）

公立大 [公立大昼間部の平均額]

多くの公立大では、授業料は標準額と同じくらいに設定しています。
入学金は、地元出身者に低く設定するなど、大学によって差があります。

地域外

入学金 392,391円	授業料 538,734円

＼合 計／
931,125円

地域内

入学金 229,365円	授業料 538,734円

768,099円

（文部科学省「2019年度学生納付金調査結果」より）

私立大 [私立大昼間部の平均額]

学部系統によって大きく異なります。医療・保健学系統は最も高く、
金額の高い医学部では、施設設備費を含めると5,070,319円になります。

入学金 249,985円	授業料 904,146円

（文部科学省「私立大学等の平成30年度入学者に係る学生納付金等調査結果について」より）

＼合 計／
1,154,131円

\ 入学前の不安を解消! /

大学生協は受験生(新入生)の強い味方!

受験生のみなさん、大学合格後のことについて考えたことはありますか?

目の前の勉強に手一杯で、合格後のことなんて考えている余裕ない～!というのも、

もっともなのですが、合格発表後から入学までの期間は非常に短く、

入学準備にバタバタ……ということもしばしば。

そんな入学前の新入生をさまざまな面からサポートしてくれるのが、大学生協です。

大学生協による「入学準備説明会」は、現役大学生の先輩たちが運営・進行しています。

大学生の一日の流れの説明があったり、

卒業間近の4年生の先輩が4年間を振り返って学生生活を紹介したりしています。

また入学準備と生協や共済の加入についてのご案内や、

学食で使える定期券(ミールシステム)の利用体験などをすることもできます。

先輩たちに直接個別相談などができるので、不安や疑問点の解決にとっても役立ちます!

また、大学生になるとパソコンを使う場面が多くなります。

大学生協では学生がお奨めする機種の選定を行っています。

パソコンが苦手で不安だという方の為に、学生のレベルに合わせたパソコン講座も開いています!

⇧各大学生協でおもてなしをする大学生は、スーツやジャンパーなどを着用しています。⇧

みなさんも合格したら、大学生協のさまざまなサポートを活用して、

最高の形で新生活スタートを切りましょう! 大学生協の新入生サポートについて、

もっと詳しく知りたいという方は、各大学の「新入生応援サイト」をのぞいてみてください。

全国大学生活協同組合連合会(略称:全国大学生協連)には、214の大学生協が加入しており、157万人を超える学生・院生・留学生・教職員が組合員となっています。

詳しくはホームページをご覧ください。https://www.univcoop.or.jp/

○○大学生協

※志望されている大学名を入れて検索ください。

つながる元気、ときめきキャンパス。

UNIV. CO-OP

全国大学生活協同組合連合会

系統別学部紹介

Departments of a University

文系

人文科学系統

人間の精神生活や精神文化という
抽象的な概念を探る学科群。

文学部・人文学部
Faculty of Arts / Faculty of Humanities

社会科学系統

法律、政治、経済、経営など、人間の社会生活に欠かせない
すべての社会現象を対象に研究を進める学科群。

経済学部・経営学部・商学部
**Faculty of Economics / Faculty of Business Administration /
Faculty of Commerce**

社会学部・国際関係学部
Faculty of Sociology / Faculty of International Relations

法学部
Faculty of Law

文学部・人文学部

こんな人におすすめ！

長時間読書をしても
苦にならない

たくさん文章を書ける、
文章を書くのが好き

コミュニケーションが得意

好きなことを
徹底的にやりたい

考察するのが好き

好きなものが
ありすぎて
困っちゃうなぁ

性格1位
マイペースで
のんびり

性格2位
真面目で
責任感が強い

性格3位
個性的で
表現力豊か

この学部ってどんな学部？

文学部・人文学部は、言語や文学、表現などの本質を解き明かすことで人間や社会を理解し、「人間とはなにか？」を問う研究を行う学部。学部名に文学とついていることから、日本文学やフランス文学など文学作品を学ぶ学部と思いがちですが、史学や心理学、哲学など人類の生み出してきた文化のあらゆるものが研究対象です。文学部と人文学部に大きな違いはありませんが、人文学部のほうが研究する分野がより幅広いといえます。

カリキュラム
CURRICULUM

英文学科・英米文学科は4年間を通じてとにかく英語づけ！ 1・2年次は第二外国語も学ぶのが一般的です。中国文学科やドイツ文学科、フランス文学科などは、1・2年次に専攻する言語について「読む・聞く・書く・話す」の基礎をとことん学習し、3年次以降は言語・文学関連の専門科目を履修します。

史学科や心理学科などは、1・2年次に語学や一般教養科目、専門基礎科目を学び、3年次以降に専門科目を選択して自らの専門性を深めていきます。心理学科では実験や調査なども重要なカリキュラムです。

学生の持ち物

①電子辞書…英・独・仏・西・伊などいろいろ！ 語学系の授業で、あると便利。紙の辞書派も根強く残る。②タブレット…心理学科などでは統計ソフトも活用する。③変体仮名の本…国文学科などで古文書の解読に必須。"変態"ではありません。

DATABASE

学部を選んだ理由
Reason for application

 1 学びたい内容があるから

 2 就きたい職業があるから

【卒業後の進路】 中学校・高校の教員／マスコミ／運輸・旅行業／図書館司書　など

 3 その他

「指定校推薦の枠があったから」／「入試方式が自分に有利だったから」　など

学生数
Student population

大学生全体の約 **14**% がこの学部

学科別では文学系が多く、次に哲学系、史学系の順。

男女比
Gender ratio

約 **35**% ： 約 **65**%

文学科や哲学科など全体的には女子が多いですが、史学科では男子が半数を超えます。

入学後、学部へのイメージは？
Impression

50% 変わった！

50% 変わらない！

思った以上に学びの幅が広く、びっくりした人が多い模様。「意外と忙しい」「授業での発表が多い」という声も。

「真面目な人が多い」は予想どおり。一方、「単に静かな人の集まりなわけではない」との意見もあり、個性強めかも!?

学部用語
Vocabulary

定番

アメ研・ヨロ中など

【意味】　アメ研は「アメリカ研究」の、ヨロ中は「ヨーロッパ・地中海地域専修」の略。長くなりがちな授業や学科・専修の名称を略すのは定番となっています。

ホント!?

デナーダ

【意味】　どういたしまして。元ネタはスペイン語の「de nada」から。
【用例】　「ありがとう！」「デナーダ！」

パラドックス

【意味】　矛盾。ジレンマ。やたらと文献に出てくるため、学生たちがつい使いたくなっちゃう用語。
【用例】　「あなたのことは好きだけど付き合えない……」「なにそのパラドックス」

特徴
Characteristics

意外な研究対象

演劇

映画・ドラマ

小説執筆（文芸）

シナリオ

考古学

美術史

卒業論文を、小説執筆や作品制作など卒業制作で代替できるケースも。学べる内容は大学によって大きく異なるため、事前にホームページなどでしっかり調査しておきましょう。

学部
あるある
Gakubu
Aru-Aru

図書館でよく参考文献を
探している姿が目撃される。

るん

るん

やっぱり本が好き。

卒論?
小説じゃなく?

え。

ズッシリ…

プトレマイオス!

ヒエログリフとかも読めちゃう。

卒論のボリュームがもはや本。

文学部・人文学部のおもな学科

【文学科】

1

入学後に学びたい分野をじっくり決められる

　文学を学ぶ学科は、国文学科、英文学科、フランス文学科など言語別に独立していて、募集（入試）の段階でそれぞれ分かれているケースが多いですが、文学科としてひとくくりにしている大学もあります。その場合でももちろん、学科内に国文学、英文学などのコース・専攻を設置し、共通する基礎的な能力を身につけたあとで、深く学びたい専攻分野を選んで専門的な学習を進めるというスタイルが一般的。置かれているコース・専攻の種類は大学で異なりますが、入学後に自分の学びたい分野をじっくり決められるというメリットがあります。

> **PICK UP!!** ▶ コースや専攻・専修の例はこちら！
>
> ●早稲田大学文学部文学科＝哲学コース、心理学コース、演劇映像コースなど
> ●明治大学文学部文学科＝日本文学専攻、英米文学専攻、文芸メディア専攻など
> ●立教大学文学部文学科＝英米文学専修、日本文学専修、文芸・思想専修など

【日本文学科】【国文学科】

2

日本文学と日本語学が学びの主軸

　学ぶ対象は日本文学と日本語学が主軸になります。そのため日本語日本文学科などと称する大学もあります。日本文学は、万葉集や源氏物語、江戸文学といった古典から現代文学まで膨大な数の作品があり、小説、日記、紀行、詩歌、評論、劇などジャンルもさまざまです。日本語学は古代～現代の文字、発音、表記、文法、語彙、方言などについて研究します。

　さらに、お隣の国である中国文学（漢文学）も勉強します。これは日本の古典が中国文学の影響を受けており、その理解に中国文学の知識が欠かせないためです。

> **PICK UP!!** ▶ ユニークな卒業論文のテーマ
>
>
>
> ●源氏物語の音楽　若菜の巻を中心に
> ●御伽草紙・室町物語に描かれる「食」の姿
> ●宮沢賢治研究　－賢治とねこ－
> ●桑田佳祐のバラード曲における語彙・表現技法の研究
> （明治大学公式サイト、実践女子大学公式サイトより）

文学部・人文学部のおもな学科

【中国文学科】

中国語の習得のほか、文化や経済まで幅広く

　古代から現代に至る中国の文学、思想、学術を探求し、その文化も学びます。もちろん、現代中国語の習得も必須。中国語は発音の習得が難しい言語といわれており、その発音や聞き取りに苦労する学生は数知れず！　さらに中国古典の読解力を求められますから、授業はなかなか大変です。同時に、中国の社会体制や社会事情を知るための中国政治経済概説や現代中国論などの科目も履修します。

　加えて、中国文学を語るうえで欠かせないのが書道。書道学科として独立させている大学もあるほどです。また、論語や孟子など中国古来の哲学や思想も学習対象になります。

PICK UP!! 専攻できる分野

- ●中国語
- ●哲学・思想
- ●中国文学
- ●書道　など

3

【英文学科 英米文学科】

イギリスとアメリカを中心に英語圏の文学と文化を学ぶ

　イギリスとアメリカを中心とした英語圏の文学と文化について理解を深める学科です。名称が英文学科だったり英米文学科だったりしますが、学ぶ内容は変わらず、イギリス文学もアメリカ文学も扱います。

　専門科目としては、英米文学に加え英米詩、イギリス演劇、アメリカ演劇、英米児童文学、シェイクスピア研究などがあげられます。作品の鑑賞だけでなく、作品の社会的・文化的背景なども研究します。もちろん作品は原書を読みますので、早い段階で基本的な英文法と英語表現が徹底的に鍛えられます。

PICK UP!! 先輩に聞く！　講義のすすめ

- ●英米言語文学特殊講義
  映画を通じて英米の文化や当時の時代背景を学ぶ授業。
- ●英語学文化論基礎
  聖書やギリシャ神話を面白く学ぶことができる。
- ●英米文化概説
  概説・概論科目は、全体のあらましを教えられるだけの受け身の授業になりがち…。
- ●英語のプレゼンテーション
  準備が大変！

4

【ドイツ文学科】【フランス文学科】【スペイン文学科】など

文学プラス各国の政治や思想、芸術なども学ぶ

　ドイツ文学科やフランス文学科、スペイン文学科なども、文学部のなかではイメージしやすい学科です。文学作品の鑑賞だけでなく、その国の思想や哲学、政治、芸術など作品の背景なども研究します。

　まずは、ほとんどの大学1年生にとって初めて目にするであろう、ドイツ語、フランス語、スペイン語をとにかく勉強します。1年生のうちはほぼ語学のみというケースも少なくありません。そこで「読む・聞く・書く・話す」という言語能力を総合的に身につけると同時に、それぞれの言語圏の基礎的な知識・考え方を学び、その後は会話や作文、原書講読、文学研究などの専門科目へ入っていきます。

PICK UP!!　英語の Excuse me はどんな言葉になる？

中国語…不好意思（ブーハオイースー）
ドイツ語…Entschuldigung（エントシュルディグン）
スペイン語…Perdón（ペルドン）
フランス語…Excusez-moi（エクスキュゼモワ）

5

【史学科】

歴史上のできごとに自分なりの仮説を立てて検証

　高校までに学ぶ歴史学は「教えられたことを覚える」ことが主でした。しかし大学の史学科では、歴史的なできごとに対して、「一般に語られているのとは違う解釈ができるのでは？」「このできごとが当時の人々にはどんな意味があったのか」などと仮説を立て、昔から残っている本や手紙などの記述から証明していきます。最終的には、自分なりの歴史観や人間観を固めるのが目的。学ぶ内容は日本史、東洋史、西洋史に分けられ、ひとつを選んで専門分野とします。

　日本史では古文書学がありますし、東洋史や西洋史では外国の文献を原語で学ぶ授業もあります。また、フィールドワークでは学外の施設を利用して学ぶこともあります。

PICK UP!!　教科書で見る！　解釈で変わる歴史

江戸幕府5代将軍・徳川綱吉
　昔…「生類憐みの令」で、過剰な犬や鳥獣の保護を命じ民衆を苦しめた悪人。
　今…「生類憐みの令」で、武士の政権として初めて命の大切さを訴えた偉人。

6

文学部・人文学部のおもな学科

【心理学科】 7

「心の専門家」を育てる。理系要素あり

　引きこもり、うつ、パニック障害、児童虐待など、人間の心を原因とする問題を抱えている人が増えている現代。そうした状況に対応するため、人間の心を理解する科学的な方法や考え方、態度を身につけた「心の専門家」を育成する臨床心理学を専攻したいという学生も多いとか。

　人間の心を直接見ることはできないので、人間の行動をデータとして収集して分析を行い、それを心の状態として研究を進めるのが主流。統計学的なデータ解析など、文学部の他の学科に比べて理系に近い要素があるのも特徴といえます。

PICK UP!! 心理学の種類

- ●教育心理学…教育を受ける人(おもに子ども)の心の動きを探る。
- ●認知心理学…人間がどのように心で物事を認知しているのかを探る。
- ●発達心理学…人間の成長や老いとはどのような心の変化なのかを探る。
- ●臨床心理学…実際に心に問題を抱える人に対し適切な処置を施す。
- ※他に言語心理学、産業心理学、児童心理学、犯罪心理学など。

【哲学科】 8

実はなにを学ぶか明確な定義はない

　哲学の語源はギリシア語の「フィロソフィア」で、その意味は「知を愛する」。なるほどわからん。実は、なにを学ぶ学問か明確な定義はありません。概ね「人間や世界の本質を見極める」「人間はなぜ生きるのか考える」といったことがテーマになります。

　具体的には、古代ギリシア以来受け継がれてきた哲学の精神を、現代社会でどのように理解し受け入れるかを学ぶことが多いです。倫理学、ギリシア哲学、インド哲学、日本哲学、中国哲学、中世ヨーロッパの神学、現代哲学、各国の思想史などが主要科目になります。

PICK UP!! 教授の本棚をのぞいてみよう

バリバリの哲学書も多いですが、『万葉集研究』『鉄腕アトム』など、なかなかカオスなラインナップ。アトムの生き様(?)は哲学的なのか…。

【仏教学科】

在学中に僧侶になれる大学も

　仏教の思想、文化、歴史を学びます。また仏教のルーツであるインドをはじめ、仏教が伝わったアジア各地域について、思想、文化、民族、歴史などを探ったり、他の宗教との比較を行ったりすることも。また、僧侶を養成する専門職課程を設置している大学もあって、在学中に僧籍を得ることも可能です。大学によっては仏教以外にもキリスト教学科や神道学科などの宗教系の学科もあります。

　入学すると、仏教の基礎知識や仏教文献の読解の初歩を学び、経典（お経）に触れながら仏教の考え方に親しんでいきます。

PICK UP!!　大学で僧侶になる（高野山大学・真言宗の場合）

得度（とくど）…髪の毛を剃り、師匠となる僧侶の弟子になる。
授戒（じゅかい）…僧侶としての戒律を守ることを誓う儀式。
四度加行（しどけぎょう）…春夏の休みに50日ずつ計100日間の修行を行う。肉食、スマホは禁止。
伝法灌頂（でんぼうかんじょう）…真言密教の法を授かる儀式。終えると僧階が得られる。詳細はヒミツ。

9

【国際文化学科】【日本文化学科】

文化というとてつもなく広い研究領域

　世界に暮らすさまざまな民族の文化が研究対象。文化学という学問の研究範囲はとても広く、重点的に学ぶ部分や文化へのアプローチの仕方も大学によって違います。日本研究・アジア研究・ヨーロッパ研究・アメリカ研究・アフリカ研究などと地域別に区切ったり、文学・思想・歴史・芸術・政治・音楽などジャンル別に分けたりするケースなどがあります。

　国際文化学科では、語学の実践的運用能力を伸ばし、異文化を肌で感じて理解できるように海外留学プログラムを実施している大学が少なくありません。留学期間はマチマチですが、1年以上の長期留学もあります。

PICK UP!!　海外留学の種類

●短期留学…春休みや夏休みに1〜8週間程度留学。
●語学留学…大学や語学学校で行う短期の語学研修プログラム。
●協定留学…協定を結んでいる大学に長期留学。半年〜1年間程度が多い。
●認定留学…留学先を自分で決め、在籍する大学の承認を得て留学。
●交換留学…交換留学協定を結んでいる大学に留学。

10

文学部・人文学部のおもな学科

【英語学科】【ドイツ語学科】など【フランス語学科】【日本語学科】

スワヒリ語やハンガリー語などマニアックな言語も

　ここまで日本文学科や英米文学科など、"○○文学科"として、日本や外国の文学・言語に関わる学科を紹介してきましたが、日本語学科、英語学科など○○語学科と表記される語学系の学科もあります。その場合、学びの内容は、「英語学という科目で、英語という言語の成り立ちそのものを学ぶ」など、より言語にシフトしたものになりますが、文学作品をまったく扱わないわけではありません。

　日本語学科や英語学科など語学系の学科は、文学部とは別に外国語学部を置いてその下に設置している大学も少なくありません。例として、大阪大学では、外国語学部外国語学科に25もの専攻言語を置き、そのなかからひとつを選んで学びます。ただ、これほどの数の言語が専攻として用意されている大学は数があまり多くなく、日本語学科、英語学科、ドイツ語学科、フランス語学科、スペイン語（イスパニア語）学科を設置するというのが一般的なケースです。

PICK UP!!　専攻の例はこちら！

● 中国語専攻　　　● ウルドゥー語専攻　　● ドイツ語専攻
● 朝鮮語専攻　　　● アラビア語専攻　　　● 英語専攻
● モンゴル語専攻　● ペルシア語専攻　　　● フランス語専攻
● インドネシア語専攻　● トルコ語専攻　　● イタリア語専攻
● フィリピン語専攻　● スワヒリ語専攻　　● スペイン語専攻
● タイ語専攻　　　● ロシア語専攻　　　　● ポルトガル語専攻
● ベトナム語専攻　● ハンガリー語専攻　　● 日本語専攻
● ビルマ語専攻　　● デンマーク語専攻
● ヒンディー語専攻　● スウェーデン語専攻
（大阪大学外国語学部外国語学科専攻語教育課程より）

Column

現役大学生に聞いてみた!!

Question

大学生活での楽しみは？

Answer

【自由な時間や趣味を満喫！】
大学の友達と長期休みのたびに旅行をしてい
て、それが一番の楽しみです。カラオケに行っ
たり、学校の図書館にあるスタバで、友達とお
しゃべりしたりするのが好きです。あっ……最
近の趣味としては、読書や美術館や博物館に
行ってポストカード集めをするのにも凝って
ます！

経済学部・経営学部・商学部

経世済民、世を治めて民を救うってね

数学に苦手意識がない

計算が得意

経済理論を実際の生活に
落とし込んで理解できる

社会の動向に関心がある

企業に興味がある

性格
1
位
明るく
周りを笑顔にする

性格
2
位
要領が良く
何事も器用に
こなす

性格
3
位
協調性があり
チームワークを
大切にする

FACULTY OF ECONOMICS
FACULTY OF BUSINESS
ADMINISTRATION
FACULTY OF
COMMERCE

この学部ってどんな学部？

経済とは、人間の生活における生産・消費または分配などの行動や社会関係のこと。経済にまつわる3学部は、いずれも似たようなものと思われがちですが、大まかな違いがあります。まず、国や都道府県などの予算や、株式市場、企業や消費者の経済行為など、大きい視点から総合的に学ぶ傾向にあるのが経済学部。企業の経営管理・戦略、会計などに的を絞って学ぶことが多いのが経営学部。さらにマーケティング、つまり、いかにモノやサービスを売るかに特化したのが商学部……とざっくり覚えておきましょう。

1・2年次はあまり専門科目がなく、3年次以降にゼミや発表の授業が多くなるのは、文学部などの文系学部と同じ。経営学部と商学部は似ていて、経営学、商学、会計学、金融など企業の実務に即した勉強をしていきます。経済学部は会計学や商学などの企業経営に関する科目は少なめで、歴史的な海外の経済学者が唱えた理論などを中心に学ぶイメージになります。

3学部いずれも、経済の理論・法則などは数学のスキルを用いてひも解くことが多く、数学が嫌いな人には向かないかも!?

学生の持ち物

①印刷したレジュメ…デジタル全盛の時代でも、講義では紙のレジュメを使用。②電卓…12ケタまで計算できるような高機能電卓。試験時に使用するため、電卓選びが点数を左右するなんてウワサも!?③タブレット…カメラアプリで大量の板書をとりあえずバシャッと写せるので便利。

DATABASE

学部を選んだ理由
Reason for application

 1 就きたい職業があるから
【卒業後の進路】　商社・貿易業／金融・保険・証券業／各種メーカー／公認会計士・税理士　など

 2 学びたい内容があるから

 3 その他
「社会の仕組みを知りたいから」／「就職に強そう」　など

男女比
Gender ratio

約 **70**% ： 約 **30**%

経済学部・経営学部・商学部、いずれの学部でも男子率が高めとなっています。

学生数
Student population

大学生全体の約 **18**% がこの学部

全学生の約5人に1人！
設置数が多く、定員も多め。

入学後、学部へのイメージは？
Impression

76%
変わった！

「経済の計算だけでなく、組織論など人間の思考に寄った学問も多い」など、学びに対するイメージが変わる学生が多数。

24%
変わらない！

「企業を訪問できて楽しい」などの声が。「人数が多く、自分から動かないと埋没する」という点には要注意！

学部用語
Vocabulary

定番

効用
【意味】　満足度をはかる指標のようなもの。経済学の基本的な概念のひとつ。
【用例】　「このラーメン効用高いわ！」

インフレ
【意味】　あふれていること、多いこと。
【用例】　「なんかここ人がインフレしてない？」

ホント!?

経済を回す
【意味】　お金の浪費をポジティブにとらえること。
【用例】　「5次会までやるとか、俺ら経済学部はマジで経済回してるな〜」

パレート最適
【意味】　無駄がなく、すべての資源や効用が分けられている状態。
【用例】　「ふたつめの案のほうがパレート最適だよね」

特徴
Characteristic

公認会計士の資格取得を目指す場合

1年次	【8月】勉強開始は早いほど良い。大学1年の8月ごろから資格予備校に通う。
2年次	【12月・5月】短答式試験は12月と5月の年2回。合格率は約15％と難関！　2度目で受かれば順調なほう。受からず諦める人も……。
3年次	【8月】論文式試験に挑戦。こちらの合格率は35％程度と短答式よりは高い。
	【11月】論文式試験の合格発表。合格すれば、就職活動は完全な売り手市場！
4年次	【卒業】就職して所定の実務経験・実務補習を積めば、公認会計士登録される。

電卓なら
貸せるよ。

講義や試験に電卓を忘れるたびに
買いなおしていたら、
気づいたら電卓だらけに……。

← チャラく見えて
まじめ。

どうしても調達できない場合は
計算式を書きまくる。

なぜかほかの学部からめちゃくちゃ
ヒマな学部だと思われている。

出席チェックがない講義が多いので
さぼりがちだけどテスト一発勝負の
講義も多いので、テスト前は必死!

うお まじ まじ

Gakubu
学部
あるある
Aru-Aru

起業してみたい。
ときどき本当に起業する。

経済学者になっても金儲け
できるとは限らない。

教授たちが実証
してくれている。

……と生意気なことをいってみる。

割り勘
頼むわー

おっけー

学部名を理由に
飲み会の割り勘を
まかされがち。

微分・積分の地獄へようこそ。

経済学部・経営学部・商学部のおもな学科 Department Introductions

【経済学科】

国や家計など大きな視点で経済法則を研究

　人類の経済活動について、「こんなふうに消費活動が盛んになるとインフレ(物価が継続的に上昇すること)になる」などと法則性を見出し、よりよく経済活動を促進する方法を模索します。人間の欲望は尽きることがありませんが、地球はひとつ。資源や財貨は限りがあり、その折り合いをつけるというのが根本的な考え方です。企業の経営方法というよりは、国や都道府県、家計の動きなど大きな視点で勉強をしていきます。

　経済学科では、経済活動の全体的な流れをとらえるマクロ経済と、さまざまな経済事象を分析するミクロ経済を中心に、経済史、経済政策などを幅広く学びます。ゼミナールが重視されているのも特徴です。

PICK UP!! 経済法則の例

●パレートの法則:経済における数値全体の8割は、2割の人やモノが賄っているという法則。
　例)会社の売上の8割は2割の優秀な社員があげている。税金の8割は国民全体の2割の富裕層が納めている、など。
●ハインリッヒの法則:人間の起こすミスについて、1件の重大なミスの裏には、29回の小さなミスがあり、小さなミスの背景には300件のちょっとした異常があるという、統計に基づいた法則。

1

【国際経済学科】

国際経済のタイムリーな話題に注目

　おもに日本と諸外国の間の経済問題を学び、国際化が進む経済界で活躍できる人材を育成するのが国際経済学科。グローバル化する経済の仕組みを理解するとともに、現代の経済社会に対応する国際経済人の育成を目指しています。近年、環太平洋パートナーシップ協定(TPP)や自由貿易協定(FTA)などが話題ですが、そうした貿易に関することも主要な研究対象です。経済学科よりはタイムリーなトピックスを扱うイメージ。

PICK UP!! 先輩に聞く! 講義のすすめ

●アジア経済論
　単なるお金の話だけでなく、アジア各国の政策やその背景にある歴史などがわかり興味深い。
●世界経済史
　世界経済を歴史的な視点で学ぶ。暗記することが多くて大変!
●数理統計
　「数学が苦手で、問題を解くのが辛い」という国際経済学科生も多数。

2

経済学部・経営学部・商学部のおもな学科

会社経営に必要な知識・スキルを習得

　企業の経営や組織のあり方、経営戦略にマーケティング、会計情報の処理や資金調達の方法、企業の行動が社会にもたらすものなどについて学ぶのが経営学科。企業を経営するには、お金、人材、商品などの管理の知識が必要です。また、商品の流通や商品を売る市場のメカニズムなどについても知らなければなりません。

　専門科目は、基本的に、経営学・商学（マーケティング）・会計学の3分野で構成されます。ゼミなどでは、学生が企業と共同で商品開発に携わり、実際に商品が販売されるようなケースもあります。

PICK UP!! 経営関連の学問の違いって？

●経営学：おもにいかに企業を経営するか、利益を上げることだけでなく、企業を健全な組織にすることなども学ぶ。そのために必要な商学や経済学も勉強する。
●会計学：おもに企業や商店などのお金の流れについて学ぶ。適正な納税のためや、融資・投資を受けるときに会計関連の情報が求められる。
●商学：おもに企業と消費者に的を絞って学び、いかにモノを売るかを中心テーマに研究する。

グローバルなビジネスで活躍

　日本企業の経営にも国際化の波が訪れていて、日本企業の製品を外国で売るといった、国際ビジネスで活躍できる人材を育てるのが国際経営学科です。経営学科以上に、貿易や産業組織について深く勉強することになります。ビジネス英語なども強化されるほか、中国語などの第二外国語も重視する大学があります。さらに外国の文化や政治体制などについても学びます。

　グローバルビジネス学科、国際ビジネス学科といった学科を設ける大学もありますが、国際経営学科と大きな差はないようです。

PICK UP!! ユニークな卒業論文のテーマ

●開発途上国の経済発展における日本の役割
●世界のトイレ事情とその歴史
●グローバルブランドへの進化をとげるユニクロについての研究
●海外企業M＆Aの展望
（明治学院大学国際経営学科公式サイトより）

【商学科】

いかにモノ・サービスを売るかがテーマ

　おもに企業の活動を通じて経済について学ぶのは経営学部と同じですが、今日の商学の中心分野はマーケティングといっていいでしょう。個人や企業が消費者のニーズをくみ取って製品などに反映させ、その製品を消費者に提供するプロセスを研究する分野で、宣伝広告、販売促進、市場調査などの内容が含まれます。

　カリキュラムの柱は、経営学、会計学、金融、マーケティングなどで、高学年ではそれぞれ専門的なゼミナールも開講しています。

PICK UP!! ▶ 先輩に聞く！　講義のすすめ

- ●マーケティング
  現役のトップセールスマンから聞く話はためになるものばかり。
- ●会計情報解析論
  会計の勉強をしつつ、パソコンのスキルも磨ける。
- ●工業会計論
  高校ではまったく触れたことがない分野で、理解するのに時間がかかる。
- ●会計学入門
  会計を面白く感じる人がいる一方、「難しくて苦手」という学生も。

5

【会計学科】【会計ファイナンス学科】

公認会計士などを目指す学生も

　企業経営で最も重要なことのひとつが資金の流れ。それを研究する会計学は経営者や管理職にとって必須のスキル！　銀行などに自社の経営が健全であることをアピールしてお金を借りやすくするなど、会計のエキスパートの存在が非常に重要なものになっています。

　カリキュラムは会計学を中心に経済学、経営学、商法、税法といった関連科目が多数開講されています。入学するとまず、日商簿記検定2級レベルの基礎を学び、徐々に専門性を高めていきます。大学の授業とは別に資格試験予備校とダブルスクールで、公認会計士や税理士を目指す人も少なくありません。

PICK UP!! ▶ 会計系のおもな資格を教えて！

- ●公認会計士：投資家や銀行などにとって重要な、企業が発表する経営状態に関する書類が、適正であるとお墨つきを与える。
- ●税理士：企業や個人などの依頼で、税務署などに提出する書類作成を代行し、適正な納税を推進する。税務相談なども行う。
- ●中小企業診断士：中小企業の業績や財務状況などを分析して、企業に融資する銀行などの意思決定に役立つ情報を提供する。

6

経済学部・経営学部・商学部のおもな学科　Department Introductions

【経営情報学科】

7

情報処理能力とマネジメント力を身につけた人材を養成

　最近は、情報の活用が企業経営を左右するといわれており、経営学の知識だけでなく、理系の分野にまで踏み込んだ情報処理技術をマスターした優秀な人材が求められています。そこで、経営情報学科では、コンピューターを駆使して、情報を含む経営資源を適切にマネジメントするスキルについて、経営学と情報学の視点から学び、情報処理能力とマネジメント力を身につけたビジネスリーダーの養成を目指しています。経済学科、経営学科、商学科などでも情報について学びますが、経営情報学科では専門的でより踏み込んだ内容を扱います。経済情報学科などでも同様の内容が学べます。

PICK UP!!　先輩に聞く！　講義のすすめ

- ●金融システム論
  金融制度の仕組みや金融取引について学ぶ。
- ●財務管理論
  財務システム、財務管理の原則を知ることができる。
- ●プログラミング
  JAVAの基本文法やプログラムの作成方法が身につく。
- ●インターネットマーケティング
  インターネットを基盤としたビジネスを解説し、ビジネスモデルについても触れる。

【ビジネス学科】【現代ビジネス学科】

8

ビジネスのプロフェッショナルを目指す

　現代のビジネス社会を総合的に理解し、実践する技能を備えた人材や、企業で即戦力となるビジネスパーソンの育成を目指しているのがビジネス学科や現代ビジネス学科。企業経営、貿易、流通・マーケティング、会計などビジネス系の科目が充実しており、企業経営に求められる多角的な視点と実践力が身につくよう工夫されたカリキュラムを編成しています。ビジネスデザイン学科、グローバルビジネス学科、国際ビジネス学科などを置く大学もあります。

PICK UP!!　重点的に学ぶ科目群の例

- ●経営…企業とビジネス活動、戦略、国際ビジネスの多様性などを学ぶ。
- ●会計…企業の行動を把握・理解するうえで不可欠となる企業会計をグローバルなビジネスの言語として学ぶ。
- ●ファイナンス…金融の基礎知識であるリターンとリスクの概念や、銀行や株式市場の役割などを学ぶ。

現役大学生に聞いてみた!!

Question

高校と大学の授業の違いは？

Answer

【有意義な時間を送るためにも……】

大学生になると、高校生のときよりも自分で使える時間が多くなります！　自分で時間割を作れるので、空きコマを使って課題を片付けたり、アルバイトをしたり、遊んだり、運転免許をとったり……。そのぶん、講義に出席するのも、レポートなどの課題を出すのも、より自己責任の部分が強くなりますね。自分の気持ち次第で、充実度が変わってきます！

社会学部・国際関係学部

FACULTY OF
SOCIOLOGY
FACULTY OF
INTERNATIONAL
RELATIONS

性格
1
位
思いやりがあり
面倒見が良い

こんな人に
おすすめ！

人と関わるのが好き

いろいろな価値観を
受け入れられる

さまざまなことに気づきやすく、
社会問題に興味がある

英語が得意

ハロー！元気に
社会してる？？

性格
2
位
個性的で
表現力豊か

性格
3
位
マイペースで
のんびり

この学部ってどんな学部？

社会学は、人間社会で起きるさまざまな現象を分析する学問です。社会学部は国や市町村といった大きなものから企業・学校や趣味のサークルまで、社会を構成する集団のなかで何が起きているのかを研究します。少子高齢化など社会問題の解決法を探ることも重要なテーマです。

また国際関係学は、国際間の紛争解決や平和構築などの課題を学際的な視点から分析し、政治や法、経済といった専門性を身につけた国際人を目指す学問分野です。

カリキュラム
CURRICULUM

社会学部は、まず社会学原論などの専門基礎科目を学び、社会学の方法論や社会調査など研究方法のスキルを習得。また、同時に法学や政治学、経済学などの基本を学びます。そして2年次以降、専門的かつ具体的なテーマにシフトします。社会調査がこの学部特有のカリキュラムで、実際にフィールドに出て社会生活の一端に触れます。

国際関係学科では、導入的な科目として国際関係学を学び、そこから3年次以降、自分の専門分野を見つけていきます。勉強する内容は国際政治学科や国際経済学科とも似ていますが、より外国の文化や社会に目を向けて学ぶことになるでしょう。

学生の持ち物

①パソコン…フィールドワークで得たデータを解析する統計ソフトが入っている。②福祉小六法…社会福祉学科の学生には必須で、社会福祉士などの国家資格試験に向けた勉強にも欠かせない。

DATABASE

学部を選んだ理由
Reason for application

 1 学びたい内容があるから

 2 就きたい職業があるから
【卒業後の進路】 一般企業／医療・福祉業／商社・外資系企業／国際機関 など

 3 その他
「めずらしかったから（国際関係学部）」 など

男女比
Gender ratio

約 **44**％ ： 約 **56**％

やや女子が多め。国際関係学部のみでいえば、女子率は約65％とさらに高くなります。

学部用語
Vocabulary

定番

社福
【意味】 社会福祉士のこと。おもに社会福祉学科の学生が使用。
【用例】 「あれ、国家試験、社福ねらってるんだっけ？」

フィールドワーク
【意味】 学外に出て、外部の人を対象にインタビューやアンケート、観察などを行い、調査を進めること。

ホント!?

歩いてきた
【意味】 「フィールドワークに行ってきた」と同義。
【用例】 「1限、歩いてきたわ〜」

リフレーミング
【意味】 他人の良いところを探すこと。
【用例】 「おっ！ そのリフレーミングうれしいねえ」

学生数
Student population

大学生全体の約 **6**％ がこの学部

両学部の学生数の合計のうち、社会学部が9割近くを占めています。国際関係学部の学生はなかなかレアかも！

入学後、学部へのイメージは？
Impression

75％
変わった！

社会学部では「もっと総合的に学ぶと思っていたが、社会問題に特化していて専門的」、国際関係学部では「語学を想像以上にしっかりやる」といった意見が。

25％
変わらない！

社会学部を「イメージ通り」とする人は少数派。国際関係学部は「国際的な社会問題に向き合う」と予想通りの人が多め。

特徴
Characteristic

研究対象

社会心理学	メディア社会学	都市社会学	教育社会学
国際社会学	国際文化学	国際経済学	国際機構論

など

「国際関係学部」の側にある分野でも「社会学」で学ぶことは可能。例えば、国際経済を国際社会の問題ととらえれば「社会学」で研究することもできる。

社会学的視点で見る

社会学部生の
味方‼

旅行が好き!
夏休みなど、連絡をすると
海外にいることも。

『社会学的視点で見る』は
魔法の言葉。これでなんでも
かんでも研究テーマにできちゃうぞ!

一度しゃべったら友達!
コミュ力高めです。

in NY

Gakubu

学部
あるある

Aru-Aru

学部あるある
Gakubu
Aru-Aru

街頭インタビューを見ると
ついつい調査法が気になる。

自分と異なる考え方や
価値観の相手でも
気にしないので、留学生を含め、
友達の幅が広い。

社会学部・国際関係学部のおもな学科　Department Introductions

【社会学科】【現代社会学科】 【社会学科】

人間社会の法則を仮説・検証する

　社会学科では、人間の社会について、「こういう現象が起きるとこのように社会は変化する」などと検証していきます。対象自体は幅広く、スポーツ社会学、ゲーム社会学、芸能社会学などの研究も可能です。また現代社会学科は、複雑な現代社会の姿を正しく認識し、どうすれば社会が抱える諸問題を解決できるかを考えていきます。カリキュラムでは、社会学的なモノの見方、基本となる理論、社会学の歴史などを学んだ後、地域、労働、家族、教育、国際などさまざまな領域に社会学的なアプローチを行います。事実を客観的にとらえるためフィールドワークが重視され、社会調査実習やゼミナールで学外に出て、調査や観察、インタビューなどを行うのがこの学科の特徴のひとつです。

PICK UP!!　ユニークな卒業論文のテーマ

● ディズニー作品における女性像の変化と社会のかかわり
● 現代社会における刺青の意味　―インタビューを通して―
● ゲストハウスに集う人々
（同志社大学公式サイトより）

1

【国際関係学科】

国際的な問題に学問の力を結集して対処

　国際社会で生じるさまざまな問題を、政治学、歴史学、社会学、経済学的な観点から分析して、どう現実に対処するかを研究する国際関係学。地域研究も重視されていて、アメリカ、アジア、ヨーロッパ、中東、アフリカなどの各地域を選択して、地域特有の問題と向き合うことも課題です。当然ですが、英語や第二外国語などもしっかり鍛えられます。大学によっては半年間あるいは1年間の海外留学が必須になっていて、留学のための国際交流プログラムが充実しています。

PICK UP!!　先輩に聞く！　講義のすすめ

● 多国籍企業論
　化粧品やスマホなど身近な製品をもとに、多国籍企業について学べる。
● アフリカ地域研究
　アフリカ料理の体験など、実際に身体を動かして文化を感じられる。

2

社会学部・国際関係学部のおもな学科 　Department Introductions

【社会福祉学科】

3

社会における福祉のあり方に特化して学ぶ

　社会福祉とは、社会の構成者すべてを対象にした一般的な生活問題を解決するための公的な取り組みのこと。社会学部のなかでも、それに特化したのが社会福祉学科です。お年寄りや子どもや障害のある人、すべての人々が健康で文化的に人間らしく生きていくにはなにが必要かを考え、それを実現するための福祉サービスやシステムについて研究します。必要な専門科目を履修すると社会福祉士、精神保健福祉士、介護福祉士などの国家試験受験資格が取得できます。

PICK UP!! 　福祉系三大国家資格を教えて！

●介護福祉士：介護を必要とする人に、実際に介護サービスを行うための資格。
●社会福祉士：介護を必要とする人から相談を受けた際、その人に具体的にどんな介護サービスを提供するのか提案するための資格。
●精神保健福祉士：精神疾患を抱えた人の日常生活を、いかに快適なものにしていくか指導するための資格。

【観光学科】【国際観光学科】

4

外国人客急増中の観光業界へ

　近年、日本では観光業界を盛り上げ、外国人観光客を増やす試みを行っています。"観光立国"なんて言葉を聞いたことがあるのではないでしょうか？　そうした背景もあって、観光分野に携わる人材の育成を目指した学科として観光学科が生まれました。また国際観光学科では、幅広い国際知識と教養やマナー、実務能力や語学力を身につけた人材の育成を目指しています。

　学ぶ内容は、観光地やリゾート地の開発など旅行業や観光産業に関するものはもちろん、ホテルでのおもてなし、ホテルや航空会社、鉄道会社の経営などについても勉強することができます。観光の現場を体験するインターンシップや海外フィールドワークなど体験型プログラムも充実しています。

PICK UP!! 　ユニークな卒業論文のテーマ

●鎌倉市の観光客増加における地元住民への影響―江ノ電の乗降客数の増加について―
●上海ディズニーリゾートは成功するのか？
●訪日ムスリム観光客の受け入れ課題～礼拝室を中心に～
●都市型ラグジュアリーホテルにおける館内施設の充実に関する研究
（東洋大学公式サイトより）

Column

現役大学生に聞いてみた!!

Question

高校と大学の授業の違いは？

Answer

【授業は90分！　リフレッシュが大事です】
大学では、授業が90分になります。長くなる分、集中力を切らさないようにするのは大変。でも、授業中の水分補給などが自由になるので、自分なりにリフレッシュして90分を乗り切っていますね。

それから、授業規模が大きくなります。20人ぐらいの演習形式の授業もありますが、圧倒的に数百人が履修している講義形式の授業が多くなっています。

法学部

ほう　がく　ぶ

こんな人におすすめ！

コツコツ勉強・努力ができる

問題を論理的に考えて
解決できる

法律が好き

幅広い分野に
興味がある

正義感が強い

すべての国民、
法の下に
平等なんで

性格
1
位
真面目で
責任感が強い

性格
2
位
自立心が強く
我が道を進む

性格
3
位
個性的で
表現力豊か

FACULTY OF LAW

この学部ってどんな学部？

法律とは、国家や国際社会などが定めるルールのこと。法学部では、おもに法律とその解釈や正しい運用方法を勉強して、法律を使いこなす柔軟で論理的な思考能力（リーガルマインド）を育み、法律学の素養を身につけた企業人や公務員を育てます。現代社会では、政治で決めたことを法律で定めて実行する……という流れが一般的。そのため、法学部には政治学科が設置されるケースが多く見られます。また、法曹（裁判官・検察官・弁護士など）の法律専門職を目指す法職課程を置く大学もあります。

カリキュラム
CURRICULUM

まずは「基本六法（憲法、民法、商法、刑法、民事訴訟法、刑事訴訟法）」を学びます。それ以外の労働法、社会保障法、租税法、知的財産法、国際法などは、おもに3年次から選択して履修する大学が多いです。在学中から司法書士など国家資格を目指し、予備校に通い始める学生も。なお、法曹（裁判官・検察官・弁護士など）になるためには、法科大学院に進むなどして、最難関の国家資格とも呼ばれる司法試験に合格する必要があります。ちなみに、法学部でも、実際に法曹になろうという人は多くはありません。将来の目標・就きたい職業に応じたコース制を導入している大学も見られます。

学生の持ち物

①万年筆・ボールペン…司法試験などの指定筆記具として、普段から使用している学生も多いとか。②ポケット六法…法学部生が六法をすべて丸暗記していると思ったら大間違いだぞ！ ③パソコン…LEX/DB（明治8年の大審院の判例から現代までの判例を網羅したデータベース）なども利用する。

DATABASE

学部を選んだ理由
Reason for application

 1 学びたい内容があるから

 2 その他
「特に行きたい学部がなく、つぶしの利きそうな法学部にした」 など

 3 就きたい職業があるから
【卒業後の進路】 法曹(弁護士など)／司法書士・行政書士／公務員／一般企業 など

学生数
Student population

大学生全体の約 **6%** がこの学部

経済学部・経営学部・商学部の4割弱。なかでも国際関係の学科は、極めて少数です。

男女比
Gender ratio

約 **67%** ： 約 **33%**

国際関係の学科では、女子率がやや増加します。

入学後、学部へのイメージは？
Impression

46% 変わった！

「カタブツばかりかと思ったが意外と明るくにぎやかな人が多い」「服装もオシャレ」といった "真面目なだけじゃない" という意見もアリ。

54% 変わらない！

法律や政治というお堅い分野なため、「真面目」「物事をアカデミックに見ていく」など、イメージ通りという声も。

学部用語
Vocabulary

定番

善意
【意味】 法律用語では、ある特定の事実を知らないこと。
【用例】 「ゼミ室の掃除、サボったな？」「ゴメン。掃除があるとは知らなかった。善意の第三者だったんで許して」

事案
【意味】 案件、問題。授業でたびたび教授が「この事案について…」というので日常でも口にする法学部生多し。
【用例】 「この事案は生協で解決だ！」

善管注意義務
【意味】 法律用語で、善良な管理者の注意義務の略称で、最低限の注意を払う義務のこと。
【用例】 「スマホなくした」「ちゃんと善管注意義務果たしてなかったでしょ」

特徴
Characteristic

司法試験に合格するまで

●法科大学院ルート	●予備試験ルート
法科大学院入試【8月～11月】	・短答式試験【5月】 ・論文式試験【7月】 ・口述試験【10月】
法学部卒業	
法科大学院 既修者コース（2年）	※予備試験は受験資格がなく、誰でも受験できる。大学在学中の受験も可。

↓

司法試験【5月】
司法修習（1年間）
二回試験（卒業試験）

法科大学院ルートが主流で、例年、司法試験合格者の75～95%を占める。法学部卒業者は2年で修了の法学既修者コース（法学未修者コースは3年で修了）に進むのが一般的。予備試験ルートは法科大学院に通うお金や時間が不要になるなどのメリットがあるが、合格率は3～4%と超難関！その他の合格率などはP59の法学科に掲載。

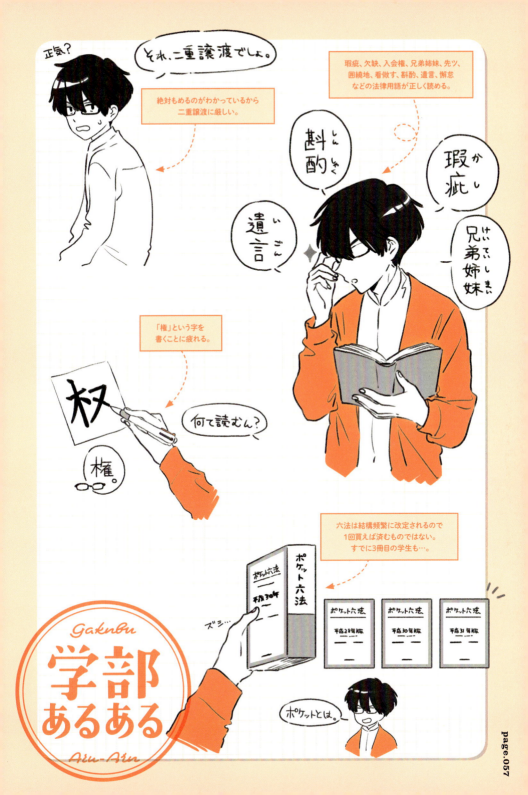

正気?

それ、二重譲渡でしょ。

絶対もめるのがわかっているから二重譲渡に厳しい。

瑕疵、欠缺、入会権、兄弟姉妹、先ツ、囲繞地、看做す、斟酌、遺言、懈怠などの法律用語が正しく読める。

斟酌
とんしゃく

瑕疵
かし

遺言
いごん

兄弟姉妹
けいていしまい

「権」という字を書くことに疲れる。

杈

権。

何て読むん?

六法は結構頻繁に改定されるので1回買えば済むものではない。すでに3冊目の学生も…。

ポケット六法

ポケット六法
平成29年版

ポケット六法
平成30年版

ポケット六法
平成31年版

ズシ…

Gakubu

学部
あるある

Aru-Aru

ポケットとは。

学部あるある
Gakubu
Aru-Aru

模擬裁判の授業では、
校内に法廷を模した「法廷教室」が
設けられている大学も。
本番さながら実体験！

教室内に法廷が
出現!?

横擬裁判

「将来は弁護士?」と
聞かれることに慣れる。

いやいや

世の中の人間がみんな
甲と乙に見えてくる。

法学部のおもな学科

【法学科】【法律学科】

物事を法律的な視点で考える

　物事を法律的な定義でとらえ、社会で発生する事故や事件の解決をしようとする「法的思考力」を身につけるのが法学科や法律学科。法律は文章で示されているため、ただ覚えるだけではなく、その解釈や運用方法について学ぶことがとても大切です。例えば、「道を車が通ってはいけません」というだけの法律の文があった場合、「この"道"は歩道のこと？」「"車"に自転車は含まれるの？」「途中で止まった場合は"通る"に入るかな？」などと、さまざまな解釈がなされます。また、その時代や状況などによっても解釈のしかたが変わってくる点が法学の難しさといえるでしょう。

PICK UP!! ▶ 司法試験の例年の合格率は……

いわゆる法曹三者(検察官・裁判官・弁護士)になるには、法科大学院(法学未修者コース3年か、法学既修者コース2年)を修了したのちに司法試験を受けて合格するというルートが一般的ですが、法科大学院を修了せずに難関の予備試験に合格して司法試験に挑戦することも可能。詳しくは56ページを参照のこと。
　司法試験全体…約20〜30%
　司法試験の既修コース出身者のみ…約30〜40%
　司法試験の未修コース出身者のみ…約10〜20%
(弁護士白書2019年版より)

1

【政治学科】

国などが法をつくって執行するプロセスを学ぶ

　政治で決めたことは最終的に法律をつくって実行します。法律学(法学)は法の解釈という視点から学ぶのに対し、政治学は法をつくって執行するという国や政治権力のプロセスを学ぶ学問になります。あらゆる事象に批判的・論理的に対応する戦略的思考を身につけた人材を育てるのがこの学科の目的です。

　政治に関する理論、歴史、政策などのほか、その根っこにある政治哲学や政治思想なども研究します。学ぶ範囲が広いので学科内に専攻・コースを置く大学も少なくありません。また政治学を学ぶには、国際関係学や社会学など他分野の知識も求められるので、幅広いジャンルの専門科目が用意されています。

PICK UP!! ▶ コースの例はこちら！

●中央大学法学部政治学科＝公共政策コース、地域創造コース、国際政治コース、メディア政治コース
●同志社大学法学部政治学科＝現代政治コース、歴史・思想コース、国際関係コース
●関西学院大学法学部政治学科＝公共政策コース、国際法政コース、政治システムコース

2

法学部のおもな学科

【総合政策学科】【公共政策学科】

実践的に政府や地方自治体の政策などを学ぶ

　総合政策学科は政府や地方自治体の政策だけでなく、政策が実行される病院や学校、非営利組織、民間企業、国際機関などの組織も絡めて、政策の決定過程や政策分析、経営・管理分析などを学びます。

　公共政策学科は国や地方自治体が行う政策を中心に研究する学科で、法律学、政治学、経済学の知識を基礎として、さまざまな分野における公共政策の立案や政策の効果を分析する能力を養います。フィールドワークで地域社会の現場を知る授業もあります。

> **PICK UP!!**　先輩に聞く！　講義のすすめ

● 公共政策論
　公務員や議員と人脈のある教授が、理論と実際の両方の話をしてくれる。
● 地方創生論
　実際に地方で成功した町おこしの事例に触れることができる。
● 憲法（日本国憲法）や民法
　暗記することが多く、講義自体も法律の専門用語が難しい。単位も落としがちなので頑張って！

3

【国際政治学科】

貿易摩擦や地域紛争など、より海外に目を向ける

　政治学科と同じく、政治に関する理論、歴史、政策などのほか、その根っこにある政治哲学や政治思想なども勉強しますが、国際的なテロや貿易摩擦、地域紛争、貧困、人権問題など、より海外に目を向けた研究にシフトしているのが国際政治学科。国際的に学ぶため、語学についてもみっちり勉強することになります。

　もちろん政治学科でも国際政治について学ぶことは可能です。国際政治学科という形ではなく、政治学科などに国際政治系の専攻・コースを設置している大学も多くあります。

> **PICK UP!!**　先輩に聞く！　講義のすすめ

● 国際ＮＧＯ論
　国際ＮＧＯの現状と課題を考察する。興味をもつ学生が多い分野。
● 中東圏概論
　中東地域の情勢が安定しない背景や歴史などをわかりやすく学べる。
● 経済学入門
　高校で数Ⅲを習っていない人も、いきなり専門的な数学に直面することも。政治系の学科でも、大学によっては経済学をしっかり学ぶ科目もあるので要注意！

4

【国際関係法学科】

国際法から国際的な問題にアプローチ

国際社会では、外交や安全保障、戦争、難民の受け入れ、貿易などさまざまな問題が起きています。そうした問題を解決する手段のひとつである国家間の法律、すなわち国際法に関する研究を行うのが国際関係法学科。外国の法律そのものや外国の歴史や政治について勉強することもあります。法学科のように法律の解釈という視点ももちろん学びますが、どちらかというと、実際に定められている国際法や、どんな国際的な問題にどんな国際法が有効か……といったことについて考える実践を重視した学びになります。ほかにも国際ビジネス法学科、国際企業関係法学科、グローバル法学科などが相次いで誕生しています。

PICK UP!! 将来の進路ってどんなかんじ？

●外交官
●多国籍企業
●国内企業の外国と交渉する部署・職種

5

【経営法学科】

経営学と会社経営に関わる法律を中心に

物事を法律的に考える「法的思考力(リーガルマインド)」を備えたビジネスパーソンを育てるのが経営法学科。金融や企業組織論、リーダーシップ論など経営学を学ぶと同時に、企業関係法や民法、契約法、租税法などについて学びます。どのように企業経営に法律が関わっているか実際に企業で起きたケースを扱うなど、実践的な教育を行う傾向にあり、将来の職業や進路に合わせたコース制を取っている大学もあります。

PICK UP!! コースの例はこちら！

●ビジネス法コース
　→企業法務や会計、マーケティングなどを学ぶ。将来の進路は、企業の法務部門や公認会計士など。
●国際法務コース
　→国際取引や国際契約の専門家を育成。将来の進路は、商社、外資系企業、国際法務担当者、通関士など。
●知的財産コース
　→特許や著作権などのスペシャリストを目指す。将来の進路は、企業の知的財産部門、弁理士、公務員(特許庁)など。
(日本大学法学部経営法学科より)

文理融合系

教養・総合科学系統

個々の学問領域では補えない現代社会の複雑な問題に対し、
文系・理系にまたがる複合的な視点から総合的に研究する学科群。

教養学部
College of Arts and Sciences

教育系統

人間形成や人間の発達を対象とした学科群。教育の本質や目的などを理論的に学ぶ教育学系と、
教員養成を主目的とする教員養成系に大別される。

教育学部
Faculty of Education

家政・生活科学系統

人間生活全般にわたる広い領域を対象とした学科群。衣・食・住から生活文化・福祉まで、
生活全般にわたる広い領域に関するテーマを科学的に研究する。

家政学部・生活科学部
Faculty of Home Economics / Faculty of Human Life and Science

教養学部

COLLEGE OF ARTS AND SCIENCES

**こんな人に
おすすめ！**

好奇心が強く、
自分のやりたいことを
とことん追求できる

行動力がある

行動の自由度が高いなかで
自己管理ができる

人前で話すのが得意

英語が好き

……自由に生きる
ための教養よ

性格
1
位

個性的で
表現力豊か

性格
2
位

自立心が強く
我が道を進む

性格
3
位

マイペースで
のんびり

この学部ってどんな学部?

文系・理系問わず<mark>あらゆる分野の知識を身につけられる</mark>のが教養学部。この学部では、リベラルアーツ(教養)を旗印として、特定の専門分野に偏らない総合的な視点や、柔軟な理解力を身につけたジェネラリストの養成を目指しています。古くはギリシャ・ローマ時代に起源を持ち、民主主義を健全に実行していくのに大切な「教養ある市民」を獲得するために、欧米を中心に発展してきました。最近では、より海外に目を向けた国際教養学部も増加中。

カリキュラム
CURRICULUM

すべての学部のなかで、最も<mark>学べる内容の幅が広い</mark>のが特徴です。文系・理系・芸術系にわたる専攻分野の中からひとつあるいは複数の分野を選択して履修させる大学が多いので、自分の興味・関心に応じた学習設計ができます。必修科目が少ない傾向にあり、<mark>自由に選びやすい</mark>のも魅力です。

2年次以降にグローバル系、社会学系、メディア系、言語・文化系といったコースや専攻に分かれて、なにかを柱にした専門性を高めるケースが多くなります。

学生の持ち物

①タブレット…幅広い分野を学ぶため、検索は欠かせない。資料のまとめなどにも必須。②関数電卓…理系科目を選択していると手放せない。③電子辞書…国際教養学科は語学関連の授業も多く、あると便利。

DATABASE

学部を選んだ理由
Reason for application

 1 学びたい内容があるから

 2 その他
「受験時点で特にやりたいことがなく、とりあえず幅広く学べる教養学部に」 など

 3 就きたい職業があるから
【卒業後の進路】 一般企業／観光系企業／金融業／公務員 など

男女比
Gender ratio

約**60**% ： 約**40**%

教養系の学部・学科は幅広く存在するため、男女比もそれぞれです。

学部用語
Vocabulary

定番

総人（そうにん）
【意味】 総合人間科学コースの略。選択するコースの名称が長くなりがちなので、略称を使うことが多々あり。

学際的
【意味】 研究内容などが、いくつかの学問分野にまたがっていること。
【用例】「教養学部の勉強は学際的だ」

ホント!?

エビデンス
【意味】 持論の根拠、根拠となるデータなど。
【用例】「エビデンスを示さないと！」

アカスキ
【意味】 "アカデミックスキルズ"の略。学生が自発的に考え、調べ、論じるためのノウハウで、特に教養学部の学生には強く求められる。

学生数
Student population

大学生全体の約**0.8**%がこの学部

最近は国際教養学部が相次いで新設されているため、学生数は増加傾向にあります。

入学後、学部へのイメージは？
Impression

67% 変わった！

33% 変わらない！

「予想以上に自由」という意見がほとんどですが「意外と制限があった」という声も少々。いずれにせよ、主体性・積極性次第で道が開けることは間違いなし！

一般的な教養学部のイメージ通り、「必修科目が少ない」「いろいろな人がいる」といった答えが目立ちました。

特徴
Characteristic

研究対象

会計学　法学　教育学
哲学　歴史学　心理学
物理学　生物学　音楽

など

社会科学、人文科学に加え、理系の自然科学もカバーしていて、学べる幅の広さは文学部や理工学部以上。最終的には文系にシフトした研究テーマに落ち着く学生が多いようです。

学部
あるある

勉強以外の活動にいそしむ時間も多く、
スポーツやボランティアなど、多趣味。

カタカナの
授業名が多い。

リーディング1　　キャリアデザイン
リベラルアーツ　　アルゴリズム入門

文系でも理系でもなく、
自分探しをするように
専門を決めていきます。

【教養学科】

「浅く広く学ぶ」から徐々に「深く掘り下げて学ぶ」に

　いろいろな学問の分野を融合させていく傾向が強いのが教養学科。大学によって内容は大きく異なりますが、低学年では教養科目や基礎科目、外国語によって大学での学びに不可欠な力を養い、2年次以降に専修やコースに分かれて専門性を高めていきます。「将来なにをやりたいか、まだはっきりしていないけど、大学では勉強もしっかりやりたい」と思っている人には最適な学科のひとつといえるでしょう。

　また、"教養学科"という学科を設置している大学はわずかで、"リベラルアーツ学科"、"アーツ・サイエンス学科"なども教養系の学科です。

PICK UP!! ▶ 授業の例はこちら！

- ●英語学入門
- ●日本語教授法
- ●フランス文学
- ●哲学概論
- ●イスラーム文化論
- ●東アジア研究
- ●国際法
- ●国際金融論
- ●心理学
- ●数学演習
- ●基礎有機化学
- ●天文学
- ●人間環境学

- ●中国思想史
- ●現代コミュニケーション理論
- ●キリスト教史
- ●新聞社説を読む
- ●アメリカ社会史
- ●日本文化論
- ●社会統計学
- ●マクロ経済学
- ●教育学概論
- ●物理学概論
- ●遺伝と進化
- ●地質学
- ●食品安全論

- ●江戸文学講読
- ●ロシア文学研究
- ●宗教心理学
- ●応用倫理学
- ●アメリカの経済
- ●国際政治論
- ●多国籍企業論
- ●ジャーナリストへの道
- ●微分積分学
- ●熱力学
- ●植物学
- ●ソフトウェア概論

（桜美林大学リベラルアーツ学群より）

PICK UP!! ▶ 先輩に聞く！　講義のすすめ

- ●メディア研究
  グループワークで各種メディアの特徴や問題点を話し合うのが楽しい。
- ●地理学実習
  パソコンを用いる授業で、いろいろな技術が身につく。
- ●生物化学
  生物やその活動を化学という視点から分析。
- ●データサイエンス
  データサイエンスに必要な理系的知識や統計学は難しい。でも、リベラルアーツを修めるには必須！

1

【国際教養学科】

語学も鍛えて国際社会で通用する世界市民を育てる

　リベラルアーツに高度な語学教育をプラスして、グローバルに活躍できる世界市民を育てます。どの大学も語学はかなりみっちりやりますが、大学によって差があるので、事前に情報を仕入れておきたいところです。外国人教員の数や外国からの留学生なども多めになっており、ディスカッションやグループワークを通じて国際感覚が養えるのも魅力のひとつ。優れたコミュニケーション能力と異文化理解力を磨きます。

　このほか、グローバル教養学科や世界教養学科も誕生しています。

PICK UP!! ▶ 国際教養学科の学びの柱

海外留学	リベラルアーツ	英語力の強化
長期（多くの大学で1年程度）の留学を必須とする国際教養学部・学科も少なくない。必須でなくとも、留学が単位認定されるケースも。	理系・文系を問わず学ぶというリベラルアーツの発想は欧米が起源。国際教養学部・学科では、世界市民として渡り合うために必須の常識を身につける。	英語の授業時間が多くなるほか、専門科目の授業を英語で行う大学もある。学部・学科内の共通語が日本語でなく英語で、掲示板での事務連絡や提出書類なども英語だったりする。

●早稲田大学国際教養学部の場合
　留学生の割合………約30％
　留学生の出身地……約50の国と地域
　長期留学……………1年間の留学が必須
　学部内共通語………英語
　※1年の長期留学は、日本語を母語とする学生のみが対象。
　（2020年度入学用・早稲田大学国際教養学部パンフレットより）

2

現役大学生に聞いてみた!!

Question

大学生活での楽しみは？

Answer

【自分のしたいことを見つけられる】
そうですね……。文系と理系が混ざった感じ
の学部なので、基本的にやれることがたくさん
あります。ですから、将来したいことなどを見
つけるときに役立つと思います。また、自分に
使える時間が多くできるので、趣味がない人
が趣味を見つけたり、新しいことに挑戦できた
りしますよ。

教育学部
きょういくがくぶ

こんな人におすすめ！

子どもが好き

所定の単位を効率よく履修する
計画性がある

相手を思いやり、
コミュニケーション能力
にも優れている

物事を根気強くコツコツ
こなし、精神的にも強い

FACULTY OF EDUCATION

性格1位
明るく
周りを笑顔にする

性格2位
個性的で
表現力豊か

性格3位
真面目で
責任感が強い

この学部ってどんな学部？

教育学は、人間と教育の本質や人間が成長していくプロセス（人間形成）の仕組みを追求する学問。教育学部にはふたつのタイプがあり、ひとつは教育制度や教育方法、子どもの発達や学習の仕組み、具体的な授業での教科指導法などを研究する学部。もうひとつは小学校や中学校の教員を養成する学部です。先生になるために入学する学生が多いですが、なかには教員免許状を取得しなくても卒業できる大学もあります。なお、教員免許状は教育学部でなくても教職課程を履修すれば取得できます。

カリキュラム
CURRICULUM

学問としての教育学を学ぶ教育学部は教育の原理や歴史、学校教育や社会教育における教育方法、教育哲学、教育心理学、教育社会学などに重点をおいたカリキュラムを編成。

一方、教員養成を目的とした教育学部は教員免許の取得を前提とするカリキュラム編成で、教職・教科に関する専門科目を中心に履修します。教員免許を取得するには教育実習が必要で、一般的には1・2年次で基礎見学実習や観察実習を行い、3年次に本実習を4週間にわたって行います。小学校の先生を目指す場合、全教科を教えるため、授業数もたっぷり！ 中学校や高校の先生を目指す場合は、3年次以降に教科専門科目を取っていくイメージです。

学生の持ち物

①学習指導要領…これに則って指導するため不可欠。②書道道具や体操着…ほかにも楽譜など学科・コース特有のアイテムが散見される。③実験ノート…理系の学科・コースで必要となることも。

DATABASE

学部を選んだ理由
Reason for application

 1 就きたい職業があるから
【卒業後の進路】 小学校の先生／中学・高校の先生／学習塾・学習支援業／出版社 など

 2 学びたい内容があるから

 3 その他
「英語が得意だったから」 など

学生数
Student population

大学生全体の約 **7**% がこの学部

教育学科は少なく、教員養成課程が大半を占めています。

男女比
Gender ratio

約 **41**% ： 約 **59**%

中学課程や高校課程では担当する教科によって男女比が違い、理系の教科では男子率が高くなる傾向があります。

入学後、学部へのイメージは？
Impression

44% 変わった！

「意外と先生にならず就職する人が多い」という進路に関する驚きが多数。なかには「教員になるのは全体の半分ぐらい」という話も。

56% 変わらない！

「真面目で世話好きが多い」「明るく社交的な学生ばかり」「仲間意識が強い」など、教育学部らしい意見が目立ちます。

学部用語
Vocabulary

定番

教採
【意味】 教員採用試験のこと。
【用例】 「教採受ける？」

ゼロ免課程
【意味】 教員免許状を取得しなくても卒業できる教育学部のこと。教員養成課程の対となる概念。

附小
【意味】 おもに国立大学の教育学部に設置されている附属小学校のこと。
【用例】 「3限は附小に集合らしいよ」

ホント!?

予想される児童の反応
【意味】 模擬授業などで、子どもの反応を気にして頻発しがちな用語。
【用例】 「予想される児童の反応は、集中の欠如、ないしは寝てしまう」

特徴
Characteristic

教員免許状の基礎知識

学校の教員になるためには、教員免許状が必要です。教員免許状は幼稚園・小学校・中学校・高校・特別支援学校などの学校種別に分かれ、中学校・高校はさらに国語・数学・音楽など教科別に分かれています。
大学の4年間で教員免許状を取得するのに必要な単位を取り、3・4年次には教育実習にチャレンジします（これが就活と重なるとマジでキツいとか…）。教育実習が終わって所定の単位をすべて取得すれば、教員免許状をゲット！ あとは都道府県や市、私立学校などの採用試験にパスすれば晴れて教壇へ。

小学校と中学校・高校で大きく違う履修内容

小学校では担任の先生がほぼすべての教科を教えるので、文系・理系の幅広い教科を学びます。中学校・高校では教科別の免許状となり、専攻教科でないと教えることができません。

※教員免許状は10年間の有効期限があり、講習を受けて更新する必要があります。

風景のスケッチ。

ボタン付け。

生活科の
探検レポート

学部
あるある
Gakubu
Aru-Aru

課題が小学生向けの内容だと、
周りの目がちょっとだけ恥ずかしい。

学部
あるある
GakuBu
Aru-Aru

糸電話やかざぐるま、
輪ゴムカーの研究だって
本気でやるんです！

予想される児童へ
反応は…。

研究ノート
№3

友達へのプレゼントを選ぶときにも、
「予想される児童の反応は…」
と言ってしまう。

大学の講義で、
発表の聞き手が大学生でも、
喋り方がついつい
子どもに話す口調に……。

【教育学科】

教育の原理や制度、人間形成の仕組みを学ぶ

　教育学科は、教育全般を理論的に研究する学科です。教育学と教育心理学を中心に、教育哲学、教育社会学、教育史、教育行政学、教育制度など、教育に関するさまざまな分野を学びます。クラブ活動や生徒会活動、学校行事、さらに生徒指導の方法なども含まれます。私立大の場合は、専門とする専修やコースなど(教科や研究分野による)に分かれて学ぶのが一般的です。例えば、「〇〇大学教育学部教育学科社会科コース」「△△大学教育学部教育学科小学校コース理科専修」などとなります。長い!

　教育全般について深く学び、子どもの心理や発達についてマスターすることから、おもに小学校の教員を養成する大学が目立ちます。

PICK UP!! ▶ 先輩に聞く！ 講義のすすめ

●教育学概説
　現在の教育の状況や、子どもの貧困などについて細かく学べる。
●生涯教育実践研究
　「実際に生涯教育施設でインタビューができる」など実習系は人気。
●教育哲学基礎
　哲学的に考えることが苦手だということに気づく学生がチラホラ。
●教育方法学
　授業の方法学なのに「教授の授業がアレ?」なんてことも…!

PICK UP!! ▶ 学科名が、教科・科目名になる大学も

　早稲田大学のように「教育学部理学科生物学専修」などと、「教育学科」にあたる部分に教科・科目名が来る大学もあります。この場合、教育学科の学生は小学校の先生を目指すケースが多く、ほかの国語国文学科や理学科など教科・科目名の学科の学生は、中学・高校の教員免許状取得を目指すのが一般的です(ただし、早稲田大学教育学部は教員免許状を取得しなくても卒業できます)。

　学ぶ内容については、教育学科などの各コース・専修と大きく変わることはありません。

●早稲田大学の場合

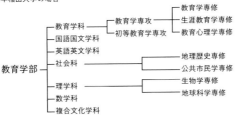

1

教育学部のおもな学科

おもに小学校の先生を目指す

初等教育とは、小学校の教育のこと。学科名のとおり、小学校の先生になることを目指す学生が集まるのが初等教育学科です。大学によっては、幼稚園の先生の免許と保育士の資格も取れます。児童教育学科と似ていますが、より小学校の先生に焦点を当てている大学が多く、幼児の教育は児童教育学科ほど重視はしないというのが一般的です。

カリキュラムは、幅広い知識を吸収して子どもの教育に必要な高い教育力・指導力を養う科目で構成され、体験型授業を通して子どもたちの能力を引き出す人間力を身につけます。

PICK UP!! 先輩に聞く！　講義のすすめ

●授業研究入門
　実際の小学校の授業が見学でき、自分で授業を考えることもできる。
●ピアノ演習
　小学校低学年の担任は音楽も教えるので必須。ピアノ好きには天国！（ピアノ初心者には地獄…）
●小学校算数
　超絶数学的すぎて、小学校の算数とは思えないぐらいの内容もこなす。

2

実践的な能力を身につけた学校教員を養成

おもに国立大学の教育学部に置かれているのが学校教育教員養成課程です。かつては学校の種別により、幼稚園教員養成課程、小学校教員養成課程、中学校教員養成課程、特別支援学校教員養成課程などと区切って、入試の段階で分けて募集していましたが、最近は多くの大学で小学校・中学校といった枠を取り払い、幼児から青少年期までの発達過程を統一的に理解できる教員の養成を目指して学校教育教員養成課程や学校教育課程に再編しています。実際の教育では、学校種別や教科別に分かれて教育を行います。

PICK UP!! 先輩に聞く！　講義のすすめ

●教育心理学
　カウンセラーとして活躍している先生が、事例で説明するので実践的。
●生徒指導
　生活指導は教師が一方的に行うものでなく、子どもの生活の背景に寄りそうものだと気づかせてくれる。
●算数科教育法
　大学生には当たり前のことでも、子どもにわかりやすく説明するのは難しいと実感させられる。

3

【児童教育学科】【子ども教育学科】

児童（小学生）だけでなく、幼児（幼稚園児）も対象

　学校教育法という法律では、幼稚園児を「幼児」、小学生を「児童」と呼び分けていますが、一般に児童教育学科では幼児教育と小学校教育に関する教育を行います。幼稚園と小学校の教員免許が取得できるほか、大学によっては保育士の資格も得られます。最近は子ども教育学科を開設するケースも増えていますが、内容的には児童教育学科とほとんど同じと見ていいでしょう。

　家政学部などに置かれる児童学科と似ている面も多いですが、児童学科では小学校入学前の子どもを対象として学び、児童教育学科では幼稚園児から小学生までが対象というのが一般的です。

> **PICK UP!!**　幼稚園と保育園の違いって？
>
> 　ひとことでいえば管轄する役所の違い。幼稚園は文部科学省の管轄下で、それゆえに子どもを教育する学校の意味合いが濃くなります。保育園は厚生労働省の管轄で、共働きの家庭などの子どもを一時預かる福利厚生的な意味合いが濃くなります。また、両者の特徴を併せもった認定こども園もあります。

4

【子ども発達学科】

子どもの発達と教育に特化した学び

　乳幼児や幼稚園児・保育園児、小中学生を対象に、心や身体の発達、言葉や音楽、表現力の発達、数字や自然科学の認識の発達などについて学ぶのが、子ども発達学科などと呼ばれる学科です。子どもの認識や発達を理解して、発達をうまく支援できる方法なども研究します。

　取得できる資格は大学によって異なり、保育士の資格や幼稚園、小学校、特別支援学校などの先生になれる教員免許状などが得られます。

> **PICK UP!!**　先輩に聞く！　講義のすすめ
>
> ●発達心理学概説
> 　「赤ちゃんとたわむれることができる」など、実践的な授業は人気。
> ●病弱児の理解
> 　医学系出身の教授が教育と医学の2つの視点から講義をしてくれる。
> ●教師論
> 　「DVDなどのテキストで主張されていることに古さを感じる」など、内容が更新されない授業は不評。
> ●子どもの保健
> 　避けては通れない道だが、医学系統の話は苦手という学生は少なくない。

5

【体育学科】
【スポーツ健康科学科】

スポーツ指導者や健康指導ができる人材を育成

　体育学科と聞くと「アスリートやコーチを育てるところ？」とイメージする人が多いかもしれません。もちろん、競技スポーツ選手などの育成にも力を入れていますが、もうひとつの柱として学校体育や社会体育のスポーツ指導者を育てる目的があります。競技スポーツ領域では、より高い競技力を獲得するための科学的トレーニングやコーチング、さらにはコンディショニング管理などを学びます。スポーツ指導領域では、学校現場を中心に青少年の健全育成に必要な高度な実践力と専門的知識を習得。最近はスポーツ科学科が増加傾向にあり、競技スポーツ学科、武道学科、スポーツ教育学科などを独立させている大学もあります。

　保健体育の教員を目指す学生には、体育学部に進学して、そこで教職課程の科目を履修して教員免許状を取るという方法もあります。その際は体育学部体育学科（あるいは武道学科、スポーツ教育学科など）に進学することに。また、体育学部には、そうした教員養成を主目的とする学部・学科とは別に、健康・スポーツ医科学に関して学ぶ健康学科やスポーツ健康科学科なども置かれています。スポーツ活動、地域・社会、学校教育、スポーツ関連産業などの現場で、専門的な立場から健康の維持・増進とスポーツの社会的発展に貢献できる多様な人材を養成します。

　ちなみに、体育学系の学科ならではの特色は、多くの学生が体育会系の運動部に所属している点です。もちろんそうでない学生もいますが、柔道部に所属しているスポーツ科学科の学生が「効率的な減量法について」自分の身体でデータを取って研究するなどの事例があります。

PICK UP!! ▶ 履修できる科目の例はこちら！

体育学科など
- ●体育科教育実践法
- ●水泳指導実習
- ●学校安全
- ●運動方法（体つくり運動）

両者に共通する科目
- ●スポーツ生理学
- ●コーチング論
- ●スポーツ医学
- ●スポーツ栄養学
- ●スポーツマネジメント

スポーツ健康科学科など
- ●機能解剖学
- ●生理学実験実習
- ●動作分析法演習
- ●スポーツ情報分析論
- ●老化と運動

6

Column

現役大学生に聞いてみた!!

大学生活での楽しみは？

Answer

【全国に友達ができます！】
自分の興味のある勉強ができることも楽しい
ですが、何より友人と話している時間がとーっ
ても楽しいです！　大学に入ると、全国各地
出身の友人ができるので、これまで当たり前
だと思っていたことが「まさか私の地元だけの
事実だった!?」なんて気づくことも……。まさ
に毎日が発見の連続です！

家政学部・生活科学部

家(か)政(せい)学(がく)部(ぶ)・生(せい)活(かつ)科(か)学(がく)部(ぶ)

明日がもっと
いい日になると
いいな

こんな人に
おすすめ！

家庭科が得意

食べることが好き
（食物栄養学科など）

人前に立つのが得意
（児童学科など）

性格1位
マイペースで
のんびり

性格2位
明るく
周りを笑顔にする

性格3位
協調性があり
チームワークを
大切にする

FACULTY OF
HUMAN LIFE
AND SCIENCE

FACULTY OF
HOME ECONOMICS

家政学は、「衣・食・住」全般にわたる分野を科学的に研究し、おもに家庭生活の向上に役立てるための学問です。かつては調理や栄養、被服など家庭を守る分野がクローズアップされていました。現代では、社会のあり方や人々のニーズの変化に対応して、生活環境やライフデザインなどの人間生活に関する幅広い分野を扱うことが多く、生活科学と呼ばれる学問へと発展したことから、家政学部を生活科学部や生活環境学部などに再編成する大学が増えています。

カリキュラム
CURRICULUM

家政学部や生活科学部の研究分野は幅広いですが、おもな専門分野は被服学、食物学、住居学、児童学、家庭経営学など。それぞれが学科として独立していたり、専攻やコースとして置かれています。カリキュラムは、それぞれの専門分野の知識を身につける講義科目と実験・実習で構成されており、家政学全般を学びながらも専門分野を中心とした学びが展開されます。

学科にもよりますが、年次が上がるごとに実習が多くなります。管理栄養学科や児童学科などで管理栄養士や幼稚園教諭、保育士などの国家資格取得を目指す学生には4年次に国家試験対策が行われるのが一般的です。

学生の持ち物

①食品成分表…実習などの栄養計算で使う（食物栄養学科）。②童謡の楽譜…これは児童学科。③バズーカ…製図用紙などとを入れるケース（人間環境科学科）。④包丁…やはり食物系の学科で必須。

DATABASE

学部を選んだ理由
Reason for application

 1 学びたい内容があるから

 2 就きたい職業があるから

【卒業後の進路】 食品系企業／アパレル系企業／管理栄養士／保育士 など

 3 その他

「食べることが好きで、将来の職業とか関係なく食物系の学科に」 など

男女比
Gender ratio

約 **10**% : 約 **90**%

明治時代から伝統的に女子大を中心に設置されているため、圧倒的な女子率！ とはいえ、少数ですが確実に男子の姿も。

学部用語
Vocabulary

定番

糸くず
【意味】 学生の服に糸くずがついている場合、被服系の授業の直後である可能性が高い。

エクセル栄養君
【意味】 栄養系の学科で絶賛されている栄養計算ソフト。
【用例】 「大学のパソコンにしか栄養君、ダウンロードされてないんだよね」

附小、附幼
【意味】 大学の附属小学校、附属幼稚園の略。児童学科などで実習でお世話になる。
【用例】 「明日の2限は附小で実習だ～」

スチレンボード
【意味】 発泡スチロール製の建築模型の土台となる薄い板。住居デザイン系の授業では必須となる。

学生数
Student population

大学生全体の約 **3**% がこの学部

入学定員が少ない大学が多いため、学生数はそれほど多くはありません。

入学後、学部へのイメージは？
Impression

38% 変わった！

「もう少し広い分野を学べると思ったが、結局、卒業単位の多くが建築関連の授業に（人間・環境学科）」という声も。

62% 変わらない！

1年次から専門的な学びになるためか、事前に学科を調査する学生が多く、「忙しい」「みんな食べることが好き（食物栄養学科）」など予習済みという意見が多数。

特徴
Characteristic

研究対象

食物・栄養　　生活科学　　被服・デザイン　　児童・保育

住居　　福祉　　心理学　　環境

など

学びの幅は広いですが、専門をもちつつ多様な分野を履修する、というよりは、1年次に幅広い選択肢のなかからひとつ専門分野を選び、そこを深く掘り下げるというスタイルになるのが一般的です。

食べるの
大好きなの。

・ごはん
（梅干しとゴマ入り）

・たまごやき
・きんぴら
・ほうれん草の
　ナムル
・からあげ

大学に自作のお弁当を
持参することも多く、
そのクオリティが高い！

白身魚のポワレは
250～270kcal
かなぁ。

ふむ
ふむ

MENU

外食すると、メニューから
ついつい栄養価などを
分析してしまう。

空間を構成する造形能力、
建築の意匠（デザイン）

建物の構造や工法、
設備などの扱い、作り方。

インテリアやバリアフリー住宅など、
健康、豊かさなど、住環境の実現。

Gakubu

学部
あるある

Aru-Aru

理工学部や
芸術学部の建築学科とは、
内容がとても近い。

学部
あるある

服や小物などの
ハンドメイドが好き。
よく自分でデザインします！

染色・洗浄のメカニズムを研究したり…
繊維の燃焼性を調べたり…
人間特性を計測・評価したり……。

子どもと
遊ぶのが得意！

手遊びマスターです。

家政学部・生活科学部のおもな学科　Department Introductions

【家政学科】

生活全般を科学的視野で研究

　おもに「衣・食・住」の分野を科学的に研究し、人がより良い生活を持続させるための理論や方法を考えます。講義のほか実践的な学び（参加型・体験型の実習など）も重視され、生活する人の視点で家庭と社会を結びつける幅広い能力を身につけます。かつては数多くの大学に設置されていましたが、家政学の研究分野は幅広いため、それぞれの分野を独立した学科に細分化されるケースが増え、「家政」を冠した学科はきわめて少なくなりました。家政学科を置かず「家政学部食物学科」などと学科で専攻する分野を分けるパターンもあります。

PICK UP!!　学科や専攻の例はこちら！

●日本女子大学家政学部の場合

家政学部 ┬ 児童学科
　　　　　├ 食物学科
　　　　　├ 住居学科
　　　　　├ 被服学科
　　　　　└ 家政経済学科

●京都華頂大学現代家政学部の場合

現代家政学部 − 現代家政学科 ┬ 生活学専攻
　　　　　　　　　　　　　　└ 児童学専攻

1

【人間生活学科】

家政学をベースにさらに幅広く学ぶ

　より現代的な「衣・食・住」の合理性や科学性を追求するため、家政学の学びをベースにしつつ、さらに福祉や環境、心理学、経済、社会などまで幅広く学ぶのが人間生活学科です。人と人との関係や、我々の周りにある文化や社会に焦点を当て、人間の生活のあり方に関連した諸問題を追究しています。

PICK UP!!　ユニークな卒業論文のテーマ

●日本における「おひとりさま」の社会的受容を探る　−主体的に結婚しない女性に関する2つの調査から−
●プロ野球ファンの実態調査から考えるプロ野球産業のあり方　−「カープ女子」の流行とファンの視点−
●大学生の食意識について「一人食」に対する意識を中心として
●配偶者転勤と女性のキャリア形成について
（お茶の水女子大学公式サイトより）

2

家政学部・生活科学部のおもな学科

栄養や調理など、実践的な知識を持った食の専門家を育成

　食品学、栄養学、調理学を中心に学び、食物に関する幅広い知識と実践能力を身につけた食の専門家を育てる学科。食物の持つ栄養、機能や安全性などについてバイオサイエンス・ライフサイエンスを基礎とした教育・研究を行い、栄養や食品に対する正しい知識や科学的な見方を養います。また、食品学、栄養学、調理学などで専攻・コースに分かれるケースも多く、食物栄養学科に管理栄養士専攻を設けている場合もあります。多くの大学で管理栄養士国家試験受験資格や栄養士の資格、栄養教諭の免許状などが取得できます。

PICK UP!!　食物栄養学科の学びの柱

食品学	栄養学	調理学
食品の加工、貯蔵法、腐敗など、衛生面の知識、添加物など食品全般について学ぶ。	栄養素の種類、口から入った食物が、どう体に吸収され、なにに役立つかなどを学ぶ。	調理法やおいしく感じる要因、調理と食品の成分の関係などについて学ぶ。

3

管理栄養士を目指し、忙しくも充実した日々

　管理栄養士の国家資格を得ることが目標です。学校で児童・生徒に対し肥満や偏食、食物アレルギーなどの指導ができる栄養教諭などの資格もあります。管理栄養士はおもに学校や病院、老人保健施設などで、給食スタッフを管理(マネジメント)する仕事に就きます。学ぶ内容は、栄養や衛生についてだけでなく、栄養指導や献立の立案(特定の病気にかかった人向けのメニューを考えることも)、食材の大量調理など多岐にわたります。特に3年次は学校や病院、保健所などでの実習の毎日で、ハードなスケジュールになります。

PICK UP!!　先輩に聞く！　講義のすすめ

●栄養カウンセリング論
　栄養に関するカウンセリングを受ける側の心理学的なことも学べる。
●給食経営管理論
　お金が動く給食の経営面についての勉強もする。
●化学系の授業
　「食品関連の学科だから必要なのはわかるけど、苦手なものは苦手」との意見多数。

4

---

5 【被服学科】

繊維の構造や衣服の保管なども学ぶ

　衣服や生活雑貨などについて、その素材の開発・加工、製品のデザイン、評価、マーケティングなどを学ぶ学科。服飾学科、服飾美術学科と称したり、ファッションクリエーション学科などに衣替えした大学もあります。繊維の性質や化学構造、製造方法などを学ぶ被服材料学、衣服の洗濯や保管などを学ぶ被服整理学、色やデザインなどに関する被服意匠学、衣服の製作の理論と技術を学ぶ被服構成学が、おもに4つの学びの柱です。

PICK UP!! ▶ 研究室をのぞいてみると……

定番の洋裁用ボディがずらり！
実際に布をあてて服の製作に取り組みます。

6 【児童学科】

卒業すれば小学校の教員免許や保育士の資格が

　幼児や児童の心身の発達や、児童を取り巻く環境を分析し、健全な人間形成を図る方法や条件などを研究するのが児童学。卒業すれば幼稚園教諭と保育士の資格が取得でき、大学によっては小学校教諭の免許も取れます。教育学部にも児童教育系の学科がありますが、児童学科では小学校入学までの乳幼児期にウエイトを置くのが一般的です。児童に関して、医学や保健学、心理学、児童文化などの領域も勉強します。お絵描きや音楽など表現力分野の指導方法も。

PICK UP!! ▶ 児童学科の研究対象って？

おもに小学校入学以前の子が対象。
大学によっては、小学生も対象に含めることが。

理系

理学系統

さまざまな自然現象を理論的に掘り下げ、
真理を解き明かす学科群。

理学部
Faculty of Sciences

工学系統

自然科学理論の人間生活への応用を考える実用的な学科群。
モノづくりを通して、わが国の未来を担うエンジニアの育成を目指す。

工学部・理工学部
Faculty of Engineering / Faculty of Engineering Science

農学系統

食糧問題や環境問題に対応する学科群。
生物学、化学、工学、経済学などを基盤とするが、最近は生命科学や環境を柱とした学科も増加している。

農学部
Faculty of Agriculture

海洋学部・水産学部
**Faculty of Marine Science /
Faculty of Fisheries**

医療・保健学系統

人間の生命に関わる医療専門職の養成を目指す学科群。
多くが国家試験に直結する。

医学部
Faculty of Medicine

薬学部
Faculty of Pharmacy

看護学部・保健医療学部
Faculty of Nursing / Faculty of Health Science

歯学部
Faculty of Dentistry

理学部（りがくぶ）

性格1位
真面目で責任感が強い

性格2位
自立心が強く我が道を進む

性格3位
マイペースでのんびり

FACULTY OF SCIENCES

こんな人におすすめ！

世界のナゾを解き明かしたいというモチベーションがあり、それを達成する忍耐力がある

理解できないことに負けず、考え続けられる

計画的に物事を終えられる

この世界はナゾが多すぎる！

この学部ってどんな学部？

風が吹いたり、火がついたり、地震が起きたり……といった世の中で起きることの原理や法則を、科学的に解明するのが理学部。工学が応用科学といわれるのに対し、理学は基礎科学などと呼ばれます。直接人々の暮らしの役に立つことは少ないように見えがちですが、大事な研究分野です。具体的には、化学、生物学、地球科学、物理学、天文学、数学など。数学そのものは自然現象を解明するわけではありませんが、理学は数学を使って研究を進めることもあり、便宜上、理学に含まれます。

カリキュラム
CURRICULUM

1年次から基礎的な専門科目をかなり学ぶのが特徴！　例えば、物理学科なら物理学、力学、物理数学、物理学実験、化学科なら物理化学、有機化学、無機化学、数学科なら微分積分学、線形代数学、集合論といった科目を入学後からがんがん勉強します。

3年次以降はほかの学部同様、細かい領域に分かれた専門性の高い専門選択科目を学び、そのなかで自分の学びの方向性を定めていきます。宇宙も含めたこの世に存在するあらゆるナゾを、深く追究していくのが理学の世界です。

学生の持ち物

①実験ノート→実験結果を書き留める大事なノート。②関数電卓→対数や三角関数などの計算もできる電卓。③保護メガネ→薬品などから眼を守ります。④白衣→使い込んだ白くない白衣が、ある意味勲章だとか!?

DATABASE

学部を選んだ理由
Reason for application

 1 学びたい内容があるから

 2 就きたい職業があるから
【卒業後の進路】中学校・高校の教員／大学院進学／各種メーカー／化学工業系企業　など

 3 その他
「学びたい内容があり、なおかつ高校教員になれるから」など

学生数
Student population

 大学生全体の約　**3**％　がこの学部

理科・数学好きのパラダイス！　学科別では数学、物理学、化学、生物学の4分野が多く、ほかの分野は少数派。

男女比
Gender ratio

約 **72**％　：　約 **28**％

女子比率は生物学科では40％近くですが、物理学科では約15％と学科によって男女比が大きく変化します。

入学後、学部へのイメージは？
Impression

70%
変わった！

「覚悟はしていたが想像より忙しい」「とても大変」という学生が多い。生物学科などでも「意外と数学を使う」など、数学の重要性をあげる人が！

30%
変わらない！

「真面目で実直に物事に取り組む人が多い」「学問に対してまっすぐ」など、学びへの真摯さについてのイメージどおりという指摘が目立ちました。

学部用語
Vocabulary

定番

定義
【意味】言葉で明確に意味や用法を限定すること。単語や現象をやたらと定義したがる理学部生多し。
【用例】「恋愛の定義とは……？」

微分・積分
【意味】次元を下げたり上げたりすること。
【用例】「2次元のキャラを積分したい」

アセトン
【意味】実験などで使う有機溶媒の一種。
【用例】「油性ペンで汚しちゃっても、アセトンでふけば落ちるよ」

ホント!?

非局在化
【意味】物理用語。一定の場所にとどまらず、いろいろな場所に存在していること。
【用例】「あの教授は、いつもこのあたりで非局在化しているからなあ」

特徴
Characteristic

大学院進学率

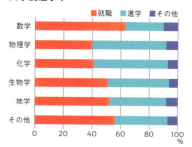

（文部科学省「学校基本調査2019年度」より）

理学部の卒業生は大学院に進学する者の比率が高いのが特色。なかでも旧帝大系の国立大や有名私立大は比率が高く、卒業生の90％以上が大学院に進学するケースも多く見られます。

学部あるある
Gakubu
Alu-Alu

教授が提出ボックスを開けて観測する瞬間までオレのレポートの波動関数は収束しないから、提出されてもいないし提出されてないこともないんだ、…‼

山のような課題に追いつめられると妙な屁理屈をこねだす。

ひっ…

ビクッ…

「それはマジ遷移状態」とわかりにくいキレ方をする。
＊エネルギー的に高く不安定な状態から、プチ切れそうの意

それはマジ遷移状態。

2020 3月
14

自分の結婚記念日は3/14にしよう……と
こっそり思っている。
（3.14のあとも永遠に続くから）

白衣着たら見えんし…

え、ダッサ…

ロンギヌス

どうせ白衣着るからその下に
なにを着てても問題ないだろと
考えている。

理学部のおもな学科

【数学科】

紀元前から存在する歴史の長い学問！

　1年次は、微分積分、線形代数、集合といった現代数学を学ぶうえでの基礎を講義と演習で学び、数学的思考や感覚を身につけます。2年次以降は、幾何学、数理統計学、コンピューターなど、より専門性の高い分野に足を踏み入れていきます。

　"リーマン予想"や"ポアンカレ予想"など、数学上未解決の問題を証明することも数学科の学びのひとつ。アメリカの数学研究所が「解けたら100万ドル！」と、懸賞金を設けている問題もあります。紀元前1000年以上前から人類には数字の概念があったようで、それだけの歴史を誇る学問といえます。

PICK UP!! ▶ 先輩に聞く！　講義のすすめ

●微分積分学
　高校まで使っていた公式が、なぜ成り立つのかがわかる。
●統計学
　統計のスキルで、学生なりに物事を分析できるようになった。

1

【物理学科】

自然界の根本的な仕組みを解き明かす

　水や空気の流れ、熱の変化、音の大きさ、光や電波など、世のなかのあらゆるものが、どのような仕組みで成り立っているのかを解明するのが物理学。一見、どのような役に立つのだろうと疑問に感じるかもしれませんが、電気やコンピューターなど近代になって開発された便利なものの数々は、物理学の進歩なくしてありえませんでした。

　物理学の研究対象は宇宙、地球、生物、個体、原子分子、原子核、素粒子など多種多様。まず、物理学、力学、物理学実験などで基礎を学び、徐々にひとつ、または複数の分野で高い専門性を身につけていきます。

PICK UP!! ▶ 先輩に聞く！　講義のすすめ

●量子力学
　物理現象を数式で表現すると世界の見方が変わる……気がする。
●統計力学
　目に見えない気体や粒子の法則は、とても難しいけど、わかるようになると楽しい。
●物理化学
　「式が複雑」など、単に"難しい"という声が多数。

2

理学部のおもな学科

世のなかを原子・分子という視点でとらえる

　化学は、自然界にあるすべてのものを、原子・分子の結合とその変化という視点でとらえ、得られた知識を整理する学問です。また、化学現象や物質の構造、性質、変化の過程などを理解し、分子を自在に操って物質をつくり出すという面もあります。私たちの身の回りの物質はほとんどが分子の集合体で、動物の生命も体内での分子反応によって維持されているのです！

　１年次は物理化学や有機化学、無機化学などの基礎を勉強します。学年が上がるにつれ、電気化学、高分子化学、コロイド化学、有機工業化学など、細かい専門分野に分かれた科目を選択します。そのなかから自分の専門を見つけて深めるというのは多くの他学科と同じです。

PICK UP!! 　化学科の学びの一部

生命化学	有機化学	無機化学
生命というものがどのように成り立っているかを研究する学問。	炭素原子を含む化合物のほとんどを有機物といい、それらを研究する学問。	有機物以外の物質を無機物といい、それらを研究する学問。

3

どんな生物のどんな性質に着目するか、研究対象は無限大

　世のなかに存在するあらゆる生物について、分子、細胞、器官、個体、群れといったさまざまなレベルで解明する生物学。おもな科目として、遺伝子やたんぱく質を対象とした分子生物学や生化学、細胞や器官の分化、成長、機能を対象とした発生学や生理学、動植物の個体や個体群を対象とした分類学や生態学など幅広い分野を学びます。どんな生物のどの部分に着目するか、研究対象は無限大です。

　１年次に基礎を学び、２年次から基礎的な実験に取りかかるというのが一般的。実験する生物を飼育・管理するのも大事な勉強です。

PICK UP!! 　先輩に聞く！　講義のすすめ

●保全生物学
　生態系や生物多様性の保全について学ぶ。興味のある人が多い科目。
●動物生態学
　生物が環境に影響を与え、逆もまた然りという視点が得られる。
●基礎数学
　高校で数学Ⅲを取っていなかったので苦労した、というケースも。

4

【地球科学科】

地球そのものの歴史や仕組みを解明する

「地球誕生から現在まで」という歴史的な視点と、「地球内部から大気圏まで」という空間的な視点から研究するのが、地球科学科です。例えば「10億年前の地表の大陸のようす」や「1万年前の日本の気候」など、時間と場所の組み合わせで研究対象は無限大になります。

1年次から多くの大学で野外実習が行われます。岩石や鉱物の観察法、地質図の作り方、地層の見方、コンピューターによる地球の未来の予測など、他学科にないユニークな学びもあります。

PICK UP!! 地球科学科の研究対象って？

宇宙全体

地球
地表　地中
大気圏まで

地球惑星科学科
地球を含む宇宙全体が研究対象。

地球科学科
地球のみを対象に研究する。

大学によっては地球科学科を置かず、地球惑星科学科で地球に関する研究を行うケースも。

5

【生命科学科】

「生命とはなにか？」という問いに答える

生物学科が生物全般の生態、系統分類、遺伝、生理、発生などについて学ぶのに対し、生命科学科は生物全般を対象に「生命とはなにか」ということに注目して学びます。すべての生物が細胞を単位に構成されているため、細胞やそれを形作る原子・分子などミクロな視点からの研究や、遺伝子なども守備範囲。ゲノムなど最先端の研究も盛んに行われています。

理学部のほか、生命科学部、理工学部、農学部、医学部などに置かれることも多く、医学部ではヒトを中心に最先端医療に貢献できるような研究、農学部では動植物や微生物を対象にした研究など、受験前にその大学の研究室にどんな傾向があるか確認しておくと安心です。

PICK UP!! 生命科学科の学びの一部

遺伝子系	細胞組織系	生物物理系
生命という現象について、遺伝子学的なアプローチで解明する学問。	生命という現象について、細胞や臓器、目、口、鼻といった組織などに着目して解明する学問。	生命という現象について、生物を構成する物質などを物理学的に分析して解明する学問。

6

【地球惑星科学科】

地球の内部から惑星・宇宙まで研究

　地球の表面や内部、大気や海洋、太陽系の惑星、太陽系を含む天の川銀河、さらに遠くの天の川銀河以外の銀河など、地球の内部から宇宙まで幅広く研究しているのが地球惑星科学科。メインの学びは、地球や太陽系の起源と進化、地球上の生命の誕生と進化、地球の内部と表面の構造、地球や太陽系の惑星の過去の歴史・未来予測などです。人工衛星の観測技術を利用して、地震や火山の観測、気象データの解析、野外地質調査などを行っている大学もあります。

PICK UP!! 　天文学と地球惑星科学の違いって？

●天文学
　大学では物理学のひとつの分野とされる。
　直接、触れることのできない宇宙に対し、天体望遠鏡などで電波や温度、宇宙空間物質の密度などを観測し、地球上の物理法則が宇宙でもあてはまるのかを実証してきた。
●地球惑星科学（惑星科学）
　大学では地学のひとつの分野とされる。
　はやぶさなどの宇宙探査機が、実際に宇宙の惑星の表面にある物質を持ち帰ることができるようになったため、惑星を地学のスキルで解明する惑星科学が、近年盛んに。

7

【理学科】

専攻にとらわれない理学全般の履修が可能

　理学部の学科は、数学科、物理学科、化学科など専門別に独立していて、募集（入試）の段階でそれぞれ分かれているケースが多いですが、理学科としてひとくくりにしている大学もあります。その場合でももちろん、学科内に生物学、地球科学などの専攻・コースを設置し、共通する基礎的な能力を身につけたあとで、深く学びたい専攻分野を選んで専門的な学習を進めるというスタイルが一般的。入学後に自分の学びたい分野をじっくり決められるというメリットがあります。

PICK UP!! 　学科やコースの例はこちら！

●愛媛大学の場合

理学部理学科 ＝＝＝ 【入試時】 一括募集 ⇒ 【2年進級時】 コースを選択
- 数学・数理情報コース
- 物理学コース
- 化学コース
- 生物学コース
- 地学コース

8

Column

現役大学生に聞いてみた!!

Question

放課後はどのように過ごすことが多いですか?

Answer

【放課後も大学内で!】
えーっと……食堂や自習室などで友達と課題を行ったり、大学の施設でDVDを見たりと、大学内で過ごすことも多いです。大学にはさまざまな場所があるので、1人でも友達と一緒でも、充実した放課後を過ごすことができます。講義が早く終わった日は、友達と買い物に行くこともありますね。

工学部・理工学部

こう がく ぶ・り こう がく ぶ

お役に立てそうなことがあれば……

FACULTY OF ENGINEERING

FACULTY OF ENGINEERING SCIENCE

こんな人におすすめ！

物の仕組みを知りたい

作業の要領の良さと、コツコツと努力できる根気強さを兼ね備えている

数学が好きで得意

パソコンに強い

性格1位 自立心が強く我が道を進む

性格2位 個性的で表現力豊か

性格3位 真面目で責任感が強い

この学部ってどんな学部？

地球や宇宙の自然の法則や仕組みなどを解明するのが理学なのに対して、理学で得られた知識を駆使して人間社会の役に立つモノをつくるのが工学部。モノづくりの学問と考えるとよいでしょう。ロボット、家電、自動車、航空機、ビル、橋、宇宙ロケット、プラスチック、スマホのアプリなど、工業技術によって生み出されるあらゆるモノが工学部の研究成果です。理学部と工学部を一緒にして、理工学部としている大学もあります。

カリキュラム
CURRICULUM

入学後は基礎科目から履修をはじめて徐々に専門性を高めていきますが、専門科目は必修科目以外に、将来の希望に沿った科目選択ができるよう幅広い科目が用意されています。また、実験や実習も重視され、学外の専門家による講義では各分野の最先端技術が学べます。

ハイレベルな研究を行うため、大学院まで進む学生も少なくありません。工学部全体では大学院進学率が35％程度ですが、国立大や有名私立大ほどその割合は高く、卒業生の大多数が進学するケースもあります。また、最近は学部と大学院を一体的にとらえる大学院接続型の教育プログラムを導入するケースが増えています。

学生の持ち物

①関数電卓…対数や三角関数などの計算もできる電卓。②パソコン…画像処理のアプリなどを使うことも。③製図道具…モノをつくることはモノをデザインすることなので必須。

DATABASE

学部を選んだ理由
Reason for application

 1 学びたい内容があるから

 2 就きたい職業があるから

【卒業後の進路】　大学院進学／各種メーカーの技術者／
ＩＴ系企業の技術者／建設業・ゼネコン　など

 3 その他

「学部名の感覚で」／「幅広く学べそうだったから」　など

男女比
Gender ratio

約 **85**％ ： 約 **15**％

圧倒的な男子率の高さ！　なかでも機械工学科や電気電子工学
科では90％以上を占めている。女子が比較的在籍しているのは
建築系。

学部用語
Vocabulary

定番

〇〇男子工業大学

【意味】　あまりの男子学生の多さに、自虐的に
工学部を独立した男子大学（？）になぞらえるこ
とが多いとか。

疲労コンパイル

【意味】　疲労困憊とコンパイルエラー（プログ
ラミング用語で、プログラムの不備で起こるエ
ラー）を掛け合わせた用語。
【用例】　「マジで課題終わんない。疲労コンパ
イル〜」

ホント!?

上位互換

【意味】　機能や性能で上位なものが、下位のも
のと置き換え可能なこと。
【用例】　「新しくオープンした弁当屋だけど、角
の弁当屋の上位互換だな！」

学生数
Student population

大学生全体の約 **15**％ がこの学部

学生数が最も多いのは電気通信工学分野で、以下は機械
工学、土木建築工学の順。

入学後、学部へのイメージは？
Impression

56％
変わった！

44％
変わらない！

「思ったより基礎的な座学
の講義が多い」という意見
が目立ちます。いきなりモ
ノづくりをはじめるわけに
もいかないし……。

男子の数が多いのは百も承
知！　実験やレポートで忙し
いのも覚悟の上で入学してい
る人が多いよう……。でも、学
べる内容の楽しさもお墨つき
です！

特徴
Characteristic

研究成果が生み出すモノ

など

トンネルなど大規模なものからコンピューターのソフト
ウエアまで研究成果は多種多様。ロボットの一部に生物
の身体の一部を組み込むなどの研究もある。

工学部・理工学部のおもな学科

1

【工学科】【理工学科】

広い視野での工学系基礎知識を土台とした専門性を身につける

工学部で学べる内容は幅が広く、学科も細かく分けられてついつい数が多くなりがち。AI、IoT、ビッグデータ、ロボットなどの導入により産業構造が急速に変化しており、これに対応するには機械工学、電気工学などの枠組みを超えた横断的・学際的な思考が必要になります。そこで、新しい時代の変化に対応できるエンジニアを養成するため、そうした数多くの学科をドーンと一挙にまとめたのが理工学科・工学科です。学生がひとつの専門分野だけでなく、ほかの専門分野も学びやすくするなどの目的があります。工学全般についてひと通り学び、2年次以降にコースや専攻を選ぶケースや、募集(入試)の時点でコースや専攻を選択するケースがあります。前者の場合は、「理系でなんとなく工学部志望だけど、なにをやりたいかははっきり決まっていない」といった受験生にもおすすめです。

> **PICK UP!!** コースや専攻の例はこちら！

● 長崎大学工学部工学科＝機械工学コース、構造工学コース、情報工学コースなど
● 千葉大学工学部総合工学科＝建築学コース、医工学コース、共生応用化学コースなど
● 東京電機大学理工学部＝理学系、生命科学系、機械工学系、電子工学系など

2

【機械工学科】【機械システム工学科】

あらゆる工業製品・設備・機械システムを設計＆製造

時計やカメラなどの精密機械から、自動車や航空機、ロボットまで、ありとあらゆる機械を作るのが機械工学！　その機械を生産する工場設備や機械システムなどの設計・開発も対象になります。多くの大学に設置されており、工学部や理工学部を代表する学科ともいえるでしょう。熱力学・機械力学・流体力学・材料力学の四力学をベースに、機械の心臓部ともいえるモーターやエンジンなどの駆動部分のほか、動力を伝えるメカ部分などの研究開発を行います。また、機械を動かすには、その動力となる電気の知識が欠かせませんので、電気電子工学なども学びます。

> **PICK UP!!** 研究室をのぞいてみると……

実際に手を動かしてモノをつくる楽しさは、機械好きにはたまりません！

工学部・理工学部のおもな学科

電気や電子の力を網羅的に学ぶ

　モノづくりという視点で考えた場合、電気にはふたつの役割があります。ひとつは、ロボットの動力源などモノを動かすエネルギーとしての役割(電気工学分野)。もうひとつは、動画や音声などの情報を変換して伝える道具としての役割(電子工学分野、通信工学分野など)。その双方を学ぶのが電気電子工学科です。機械の電気・電子回路や半導体などの電子情報を伝えるデバイスなどが研究対象になります。

　似たような名前の学科が多数あり、学ぶ内容も大学によって特徴があるので、大学の学科案内をよくチェックしましょう。

▶ PICK UP!!　先輩に聞く！　講義のすすめ

● プログラミング
「難しく苦手」という声がある一方、「自分の思い通りの動作をしたときの達成感は格別！」という意見も。
● 集積回路工学
集積回路とはなにか、なにをどうやってつくるのか興味深い授業。
● 応用数学
工学科でも「数学が難しくて苦手」という人がちらほら。

3

情報通信ネットワークのスペシャリスト

　スマホやWi-Fiなどの通信に特化して、電気や電子、物理などを学び、高速・大容量の情報通信ネットワークの構築を目指します。いつでも、どこでも、何でも、誰でもネットワークにつながるユビキタス社会の未来を担う期待の学科です。

　具体的には、おもに動画や音声などの情報を電波や光などに変換して、安定した通信を行う方法を学びます。電波を発するアンテナや人工衛星などに興味がある人にも向いているでしょう。人工衛星から電波を利用して、自動車の自動運転を実現する研究なども進んでいます。

▶ PICK UP!!　情報通信工学のさまざまな技術

● セキュリティ技術
● スマートホーム支援技術
● プログラミング
● 無線電力伝送技術
● 光通信技術(光ファイバーなど)
● 対災害ネットワーク技術

● GPS(全地球測位網)技術
● 情報解析技術(AIなど)
● メディア通信ネットワーク技術
● ワイヤレス通信技術
● 音響通信技術
● 自動運転支援通信技術　など

4

【情報工学科】

ソフトウエアとハードウエアの両面から最先端技術を学ぶ

　情報工学科では、コンピューターのソフトウエアとハードウエアに関する基礎力と専門性を身につけ、これらを実際の応用に展開できるエンジニアの養成を目指しています。IT産業の基礎であるコンピューター、通信、ネットワーク、情報処理を広く学べるカリキュラム編成で、最新の人工知能やデータサイエンス、通信ネットワーク、知的センシング、超高速計算技術など最先端の研究を行いながら、新たな情報社会を切り開く高度な知識・技術を身につけます。コンピューターのアルゴリズム(プログラムの論理体系)の理解はもちろん、使いやすさを考えるため、心理学や生理学の方面の知識などが必要とされることも。

　最先端の研究テーマとしては、昨今話題のビッグデータの解析や人工知能の開発などもあります。

PICK UP!!　情報系の工学科の一般的なイメージ

●電気電子工学科…コンピューターによる情報・通信に関して網羅的に幅広く扱う。
●情報通信工学科…コンピューターによる情報ネットワークに特化。
●情報工学科…コンピューターのソフトやアプリの開発に特化。

5

【航空宇宙工学科】

未知の宇宙に挑む、最も難しい研究分野のひとつ

　航空機やロケットなどの宇宙飛行体の開発、設計、製造、運用を研究するのが航空宇宙工学科。大気圏内を飛ぶ飛行機と宇宙を飛ぶ宇宙船の研究は似ている部分も多く、まとめてひとつの学科になっていることが多いです。

　高速で飛行する機体が受ける風圧などを計算する流体力学、その強烈な圧力に負けない機体を作る構造工学、ジェットエンジンなどを研究する推進工学、地球から宇宙の機体を制御するリモートセンシングなど学ぶことは多様です。未知の部分が多く、機体の損壊が人間の命にも関わるため、最も難しい研究分野のひとつとなっています。

PICK UP!!　先輩に聞く！　講義のすすめ

●航空宇宙流体力学
　数値を計算して風の動きをとらえ、それによってなぜ飛行機が飛ぶのか考えるのが面白い。
●航空機設計学
　物理の知識で、実際の航空機の設計プロセスがわかる。
●製図
　こだわりだしたらキリがない沼授業。細かい作業が苦手だと、なかなかの地獄をみるよう…。

6

工学部・理工学部のおもな学科

【建築学科】

美しく機能的に優れた、快適で使いやすい建築を考える

おもに個人の邸宅やビル、タワーマンションなどの建築を学ぶのが建築学科です。講義は、構造系、環境系、計画系の3つに大きく分けられます。構造系は簡単にいえば建物の建て方の勉強。環境系は、光・音・熱・空気などの建物内の環境をいかに安全で快適にするかを考えます。計画系は、都市計画のような街づくりについても学びます。また、世界や日本の建築史などの歴史を学べる授業も。卒業後は、建築士として独立して仕事をする人も少なくありません。

PICK UP!! おもな資格を教えて！

●一級建築士：国家資格。制限なしにどんな建築物でも設計・工事監理ができる。資格を取得すれば独立開業も夢じゃない！
●土地家屋調査士：国家資格。不動産の登記について、必要な土地や家屋の調査・測量や登記申請手続きを行うなどする。
●インテリア・コーディネーター：建物のインテリア（内装）に関する幅広い知識を持ちインテリア計画などのアドバイスをする。インテリア産業協会認定資格。

7

【土木工学科】

道路や橋など公共インフラを整える

ビルや個人宅などの建築を学ぶ建築学科に対し、橋やダム、道路、鉄道、地下鉄といった社会インフラの建設・整備を学ぶのが土木工学科です。施設の運用システムや地震や津波、洪水といった災害に強いインフラをつくることも守備範囲に。おもに国や都道府県の要請を受けて取り組む、公共性の高い分野です。

学ぶ内容は、測量や建築物の設計図の描き方、建築物の材料、コンクリート構造物の設計など、将来、社会に出てから行う仕事に直結する実践的なものになっています。

PICK UP!! 土木工学とは……

おもに道路や橋、鉄道関連施設、ダム、港湾など、公共性の高いインフラを建設するための研究を行う。

8

【都市工学科】【建築都市デザイン学科】

都市のデザインを通じて理想の街づくりを実践

　人々が集まる都市に焦点を当て、都市づくりの専門教育を行うのが都市工学科や建築都市デザイン学科。街づくりをデザインする都市計画について学び、水道・ガス・電気・通信設備などのライフラインや防災・環境整備など、どうすれば機能的で快適な生活を送れる都市が実現できるかを研究します。

　授業では実際に街に繰り出して、実践から学ぶことも。また、コンピューターで都市の外観や都市の施設、地図などを描き出す授業もあり、都市空間の基本的な感覚を養うことも大事だとか。

PICK UP!! ▶ 先輩に聞く！　講義のすすめ

●都市居住計画
　都市にどうすれば、より多くの人が、より快適に居住できるかを説く授業。
●都市環境工学
　都市の環境整備について、都市工学以外の分野との関わりがわかり、社会的な意義を感じる授業。
●信頼性工学
　建物や材料などの丈夫さや安全性に対する信頼を確保する方法を学ぶが、数学的要素が強く難しい。

9

【応用化学科】

物質の化学反応によるモノづくり

　応用化学科では、おもに物質の化学反応によってつくられる化学製品の研究を行います。石油から製造するプラスチックや合成ゴムなどをはじめ、液晶ディスプレイのフィルムやリチウムイオン電池なども化学製品。さらに、農薬や肥料、医薬品なども応用化学の成果です。工業化学科という名称にしている大学もあります。

　無機化学や有機化学といった化学を中心に学び、入学後間もなくから数多くの実験を行うようになります。

PICK UP!! ▶ こんな学科名も

●環境応用化学科…特に環境保全に貢献する化学製品の製造を目指す。
●化学生命工学科…化学と生命を融合した新物質や機械・装置などを研究。生物工学科にも近い内容になる。
●化学応用科学科…おもに化学の応用にはどんな可能性があるかを解明する。

10

工学部・理工学部のおもな学科

【物理工学科】【応用物理学科】

物理のスキルで物質の性質を変化させる

物理工学科や応用物理学科では物理のスキルをモノづくりに役立てます。具体的には、物理の力で物質の性質を変化させてモノをつくることが多いです。原子力や放射線のほか、磁力をかけたり、特殊な光を当てたり、高温・高圧の状態にしたり、ミクロやナノレベルまで質量を小さくしたりして、社会に役立つモノを生み出す研究が行われています。

応用理学を対象とした学科には数理工学科、応用数理学科といった学科もあり、その学科名からもわかるように、工学部のなかでは数学に密につながっている学科です。

PICK UP!!　先輩に聞く！　講義のすすめ

●量子力学
　物理の奥深さ、楽しさを明快に教えてくれる授業。教授が授業内容の応用例についてイキイキと話してくれるのが楽しい！
●熱力学
　下手に高校物理でかじっているぶん、わかったつもりになってしまう。
●物性物理学
　水に高圧力をかけると「冷たくない氷」ができるなど物質の新たな可能性にわくわくする。

11

【材料工学科】【材料科学科】【マテリアル工学科】

モノづくりの材料の開発に特化した学科

材料工学科では、モノづくりに欠かせない『材料』を、より質が良く安価でモノづくりに適したものにする研究を行います。例えば、自動車をつくるにしても、エンジンは超合金、タイヤはゴム、シートは樹脂やクッション素材など、さまざまな種類の材料が必要。日本には、世界トップシェアを誇る優れた材料を生産している企業が数多く存在しています。最先端の材料や新素材の研究開発などに関わり、自分の手で材料合成を行えるのも、この学科の魅力のひとつです。

PICK UP!!　おもな材料の開発された年代

金属材料
　　1880年代 アルミニウム　　1900年初頭 ステンレス　　1940年代 チタン
無機材料
　　1890年代 ブラウン管　　1930年代 グラスファイバー　　1960-70年代 光ファイバー
有機材料
　　1910-50年代 プラスチック　　1960年代 液晶ディスプレイ
半導体材料
　　1950年代 太陽電池　　1950年代 集積回路（ＩＣ）　　1990年代 青色発光ダイオード

12

【生物工学科】

生物をモノづくりに応用！

　生物工学科では、食品、環境、生物資源、エネルギーなど人類の基盤となる多角的な分野を研究しています。わかりやすい例は、微生物の働きでものを発酵させ、味噌や醤油といった食品をつくること。藻類やシロアリ、ミドリムシなどが産出する油に注目し、エコな燃料として研究している研究室もあります。ほかにも、生物を利用して汚水をきれいにするシステムや遺伝子組み換えなども研究対象になります。

PICK UP!! ユニークな研究のテーマ

●微生物によるヒアルロン酸、エタノールなどの有用物資生産の高効率化
●環境中の有害微生物やバイオフィルムの検出・制御法の開発
●氷温域での食品の貯蔵・熟成中の成分変化
●腸内細菌と腸管および食物繊維との相互作用の解明
（関西大学公式サイトより）

13

【経営システム工学科】

企業経営のシステムを理系的なアプローチで構築

　工学部のなかに経営システム工学科を設けている大学があります。経営学というとバリバリ文系のイメージがありますが、おもに製品を生産・管理・販売するメーカーの経営システムを、理系的なアプローチから構築していくケースが多いようです。例えば、数学のスキルとコンピューターを用いて最適な商品の生産量を計算するといったことが研究対象になります。

　学年が上がると企業マネジメントや人的資源管理など、文系の経営学科と同じ科目を学ぶことも。起業に興味がある理系の受験生などは入学を検討しても良いかもしれません。

PICK UP!! 経営システム工学とは……

企業をうまく経営するシステムを、理系的なアプローチ主導で作り上げていく。
例）IT で在庫・物流を管理
　　コンピューターで商品生産効率 UP

14

農学部

（のうがくぶ）

生き物のパワーで
なんとかするぞ～

FACULTY OF
AGRICULTURE

自然や生物、食べることが好き

研究対象の先の社会の構図や
問題を考えられる

政治経済や地理が得意で
視野が幅広い

地域社会の課題に貢献したい

辛抱強く、失敗しても
繰り返し実験ができる

性格
1
位
マイペースで
のんびり

性格
2
位
個性的で
表現力豊か

性格
3
位
周りを笑顔にする
明るく

この学部ってどんな学部？

　農学部は**農業に関して学ぶ**学部。農業というと米作りなどを想像しがちですが、それだけではなく、動物や植物などの生き物が生み出す力を利用して、食料になるものやエネルギー問題の解決につながるもの、地球環境の保全に貢献するものなどに着目した研究を進めます。基礎となるのは**生物学**ですが、動植物の力をフルに活用するため、**化学、工学、薬学、経済学**などのスキルも身につけていきます。目に見えない微生物のすごさにも気づかされるでしょう。

カリキュラム
CURRICULUM

　1年次から専門分野を理解するための基礎科目を学び、**実験・実習も行う**ケースがほとんど。より良い作物を育てる土に関する研究を行う土壌学や、より効率的に家畜などの生物を育てるための生物統計学など、農学部ならではの科目も多数！

　大学の学問のなかでは、パンやジャムのような食料品生産など、**直接、社会で役立つ実学傾向が強い**のも特徴です。学ぶ内容は、理学部の生物学科に近いですが、より**人々の生活を豊かにするために役立つ**という視点を重視しているのが農学部といえます。

学生の持ち物

①実験ノート…農学部も実験が多く、欠かせない存在です。②植物のタネ…これがないと成立しない授業も。③長靴…足元の緩めな農場の実習などで大活躍！　作業着に着替えて臨む機会も少なくないとか。

DATABASE

学部を選んだ理由
Reason for application

 1 学びたい内容があるから

 2 その他
「理系なのに理系っぽくない」/「理系学部で最も身近に感じた」など

 3 就きたい職業があるから
【卒業後の進路】食品メーカー／農業関連企業／農業団体／公務員 など

男女比
Gender ratio

約 **55**% ： 約 **45**%

全体ではやや男子が多め。獣医畜産学部門や農業経済学部門が女子に人気のようです。

学部用語
Vocabulary

定番

コンタミ
【意味】不純物などが混入すること。
【用例】「実験うまくいかなかったなあ。なにかコンタミしたかな〜」

無農学部
【意味】自らを自虐的に語る際の用語。
【用例】「また単位落とした！ オレ、無農学部だわ……」

バイオテロ
【意味】風邪気味なのに不用意に大学に来て、大勢の学生にうつすこと。
【用例】「バイオテロやめて！」

ホント!?

自主ブラック
【意味】自ら進んで研究室にいること。
【用例】「今日も自主ブラックだけど、この実験楽しいから、まぁいっか」

学生数
Student population

大学生全体の約 **3**% がこの学部

大学数が比較的少なく、定員も少なめのため、総人数は理学部を下回ります。

入学後、学部へのイメージは？
Impression

46%
変わった！

54%
変わらない！

「想像以上に幅広い学問を網羅していた」など、農業という学びの守備範囲の広さに驚いたという意見が目立ちます。

「のんびりしている」「雰囲気が緩やか」といったイメージそのままの学部だとか。「雰囲気が緩やかだけどなんでもできる」という声も。

特徴
Characteristic

おもな実習施設

●農場
農学科などの実習（野菜、果樹、花卉、稲作など）に使われ、多くはキャンパスの周辺にありますが、全国に点在しているケースも。例えば、東京農業大は北海道、神奈川県、静岡県、沖縄県にとても広い農場を持っています。

●演習林
森林科学科などの実習や研究に使われます。東京大は北海道、千葉県、埼玉県、東京都など全国7か所にあります。

●牧場
獣医学科や動物科学科などの実習や研究に利用する目的で、乳牛、肉牛、綿羊、山羊、馬などさまざまな種類の動物が飼育されています。

●動物病院
獣医学科などの実習に利用されるほか、内科、外科、繁殖科などの診療科があり、ペットなどの外来診療も行っています。

●食品製造工場
日本大の食品加工実習センターではベーコン、ハム、ソーセージ、燻製、レトルト食品などを製造・販売しています。

ほかの研究室からたまに
野菜や果物をおすそ分けしてもらえる。

ぱぁま ぷぷぷ

BBQ最高〜!!

解剖実習のあと、
BBQをする。
(その肉はまさか…)

ひょいぱくー

ちょっとくらい
大丈夫だよ!

反芻〜

オェーッ

Gakubu
学部
あるある
Aru-Aru

ちょっと傷んだものを
つまみ食いしてしまったとき。

【農学科】【応用生物科学科】

食料、環境、生命の問題に真正面から取り組む

　応用生物科学科は、動物、植物、微生物におけるさまざまな生命現象を遺伝子、分子、細胞、組織レベルで理解し、バイオサイエンスの専門的知識・技術を幅広く身につけた人材を育成します。専門基礎科目を徹底して学んだ後、専門教育では生命、食料、環境を網羅する各分野の専門講義や実験を履修します。

　農学科は、農学の広い分野で専攻・コースを設置しており、共通する基礎的な能力を身につけたあとで、深く学びたい専攻分野を選んで専門的な学習を進めるというスタイルが一般的。入学後に自分の学びたい分野をじっくり決められるというメリットがあります。かつては農学部の基幹学科でしたが、農学の進歩につれて多くの大学で応用生物科学科などに改組再編されています。

PICK UP!! ▶ 学科や専修の例はこちら！

●新潟大学農学部の場合
　農学科一括で募集して、1年次は農学について幅広く基礎科目を学び、2年次の2学期から5つの主専攻プログラムに分かれ、3年次2学期以降に卒論指導教員を決めます。

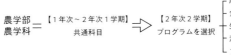

農学部　　【1年次〜2年次1学期】　　　【2年次2学期】
農学科　＝　　共通科目　　⇒　プログラムを選択
┌ 応用生命科学プログラム
├ 食品科学プログラム
├ 生物資源科学プログラム
├ 流域環境学プログラム
└ フィールド科学
　 人材育成プログラム

●東京大学農学部の場合
　一般に理科Ⅱ類に合格(理科Ⅰ類からも農学部に進学できるが、人数枠が少ない)して、2年間の教養課程を経たのち、3年次初めの進学振り分けで農学部に入り所属する課程・専修を選びます。応用生命科学課程には生命化学・工学、応用生物学、森林生物科学、水圏生物科学、動物生命システム科学、生物素材化学の6専修が、環境資源科学課程には緑地環境学、森林環境資源科学、木質構造科学、生物・環境工学、農業・資源経済学、フィールド科学、国際開発農学の7専修が、獣医学課程には獣医学の1専修が設置されています。

理科Ⅱ類合格
＝　【1〜2年次】
　前期課程
　(教養課程)
⇒　農学部
┌ 応用生命科学課程 − 6専修
├ 環境資源科学課程 − 7専修
└ 獣医学課程 − 獣医学専修

1

農学部のおもな学科

【食品科学科】

食品添加物や遺伝子組み換え作物なども

　私たちの身の回りにある食品に対し科学的なアプローチをしていく学科です。微生物の働きによる発酵食品のほか、食品の品質管理、食料資源の有効活用など、食品に関する知識や科学技術を研究・教育しています。新しい食品素材の開発・加工も重要な研究分野。植物からつくる人造肉の開発なども話題になりました。また、食品添加物や遺伝子組み換え作物、食料自給率の改善、飢餓に苦しむ国を救う方法なども守備範囲です。

PICK UP!! ユニークな研究テーマ

●骨の代謝を調節するツバキ葉など食品が持つ機能を活かして、超高齢化社会を生きる人々の健康寿命を延ばす
●加賀野菜のひとつ、加賀レンコンの食感のよさをデンプンの粒子の大きさから解明する
●東南アジアの食中毒原因菌の病原性解析と疫学調査
（石川県立大学公式サイトより）

2

【農芸化学科】

動物、植物、微生物などを化学の力で活用する

　私たちの生活に関わる食糧や環境問題などに対し、動物、植物、微生物のもつ優れた機能の解明や開発、動植物・微生物の効果的な生産と利用などについて、おもに化学的な手法で研究を進めます。応用生物科学科や食品科学科と重なる部分もありますが、より化学的なアプローチを重視している傾向にあるといえるでしょう。動植物や食品そのものだけでなく、それらを育てるのに必要な土壌や肥料、飼料（エサ）などについても、化学のスキルを用いてより良いものが得られるように研究します。

PICK UP!! 先輩に聞く！　講義のすすめ

●食品化学
　食品の効能や保存方法などについて化学的な観点から学べる。
●応用微生物学
　食品や薬など、さまざまなものに微生物が関わっていることを知ることができて、ワクワクする。

3

【森林科学科】

4

森林を人類に役立つ資源として有効活用する

森林は貴重な資源です。木材を伐り出して建築や工作に使うのはもちろん、木の根が水を貯えることで水資源の確保にもつながりますし、洪水や山崩れの防止など、人々の生活を守る役割を果たしています。そんな森林の経営計画を立てたり、森林が生み出す資源を活用したり、森林の生態を探ったり、森林を育てて大きくしたり、山火事などの災害を防いだりすることのできる専門家を育成するのが森林科学科です。森林の面積が国土のおよそ7割近くを占める日本にとって重要な学問といえるでしょう。

PICK UP!! こんな実習が……

- ●森林のなかを測量
- ●木材を実際に伐採する
- ●育てた苗木を山林に植樹
- ●シカの生態調査

【農業経済学科】

5

農業を経済的な視点からとらえる

農業経済学は、国内外の農産物や食糧をめぐって、生産、加工、流通、消費といった経済的な現象や、農林業に関する環境の問題、農業や農村のあり方などについて、経済学、社会学、政治学、法学などのスキルを応用して、より良いカタチにしていけるよう研究を進めています。農学部のなかでは唯一、文系に分類される分野です。おもに研究テーマは「日本の食料自給率をどうすればあげられるか」「海外の飢餓に苦しむ国々にいかに食糧を提供するか」といったことになります。地方の大学では「地域の特産品を大量に売る方法を探る」「地域の特産品での町・村おこし」など地域密着型のテーマも。

PICK UP!! ユニークな卒業論文のテーマ

- ●養豚の地域ブランド化戦略
- ●鶏卵における消費者の購買行動およびパッケージが品質評価に与える影響
- ●障碍者支援における農業経営の現状と可能性
- ●道の駅に対するニーズとマーケティング戦略

（宇都宮大学 パンフレット『GUIDE BOOK 2019』より）

農学部のおもな学科

【獣医学科】【動物看護学科】

ペットや家畜などの病気と闘う獣医師を育てる

　6年制で獣医師の国家資格取得を目指すのが獣医学科。対象とする動物は犬や猫、うさぎなどペットだけでなく、牛や豚、鶏などの家畜、動物園や水族館の動物や魚類、マウスなどの実験動物、微生物などさまざまです。それらの動物について、健康維持の方法や管理・保護、伝染病、寄生虫、動物医薬品の開発などを学びます。動物園などでの実習も。多くの種類の動物についてひと通り学び、徐々に自分の専門とする動物や研究分野を決めて、それに関連する職業を目指します。

　数は多くありませんが、獣医師の仕事を助ける動物の看護について学べる動物看護学科もあります。看護師が医師をサポートするように、動物看護師も獣医のサポートにあたりますが、看護師と違って国家試験ではなく、動物看護師統一認定機構の試験に合格すれば認定されます。

PICK UP!! 動物病院以外の獣医の活躍のフィールド

● 動物園・水族館
　飼育している動物の健康管理や、ケガや病気の治療にあたります。人気の就職先で狭き門。
● 牧場や競馬場
　牛や豚などの家畜の健康管理、伝染病の予防などを行います。競走馬の健康管理・治療にあたる獣医も。
● 公務員
　海外から入ってくる動物の病原菌や毒物の検査や、食肉の安全性の検査などを実施。鳥インフルエンザなど、伝染病の対策も手がけます。
● 民間企業
　製薬会社など動物実験を行う企業では、実験用の動物の管理にあたる獣医の姿もあります。

6

【畜産科学科】【動物科学科】

家畜などの管理、飼育、繁殖などを学ぶ

　将来、畜産関連の世界で活躍できる人材を育てる畜産科学科や動物科学科。動物の身体の仕組み、生態、遺伝子、飼育、管理、繁殖などについて学びます。最近では、遺伝子など学問が進化するに伴って、より動物の生命現象とはなにかを追究する動物生命科学的な性質が強くなってきたため、動物科学科などに改組する大学が増えています。

PICK UP!! こんな実習が……

● 家畜の出産立ち合い
● 子豚を育てる
● 豚肉からハムやソーセージをつくる
● 乳牛のミルクを搾ってバターやチーズをつくる

7

現役大学生に聞いてみた!!

Question

大学生活での楽しみは？

Answer

【いろんなことに挑戦する！】
大学生活は自由時間が多いので、可能なかぎり『やりたいことをやってみる』のも楽しみのひとつですね〜。この前は、唐突に旅がしたくなったので、講義のなくなった平日にふらっと1泊2日の一人旅をしてきました。自分のやってみたいことをたくさんやるのは楽しいですし、いろいろな経験をすることで自分の視野が広くなっていく感じもします。おすすめですよ！

海洋学部・水産学部
（かいようがくぶ・すいさんがくぶ）

Faculty of Marine Science / Faculty of Fisheries

Departments of a university

FACULTY OF MARINE SCIENCE
FACULTY OF FISHERIES

こんな人に
おすすめ！

海が好き

魚を見るのも、
食べるのも好き

魚を飼育するのが好き

海洋資源に関する流通や
経済についても
幅広く学びたい

海をとことん
愛して守る！

性格1位
個性的で
表現力豊か

性格2位
好奇心旺盛で
わくわくを求める

性格3位
マイペースで
のんびり

この学部ってどんな学部？

カリキュラム
CURRICULUM

海や河川に生息する魚介類などを捕獲・養殖し、輸送・加工して人々の食卓に届けるのが水産業。水産学部では、その水産業においてリーダーとなる人材の育成を目指します。魚介類などの水産物を食料とみなし、その延長として海の生態系の調査なども行います。一方の海洋学部は、海に住む生物の生態や保護に関する研究を中心として、水産資源の活用など多様な視点で学んでいきます。海のなかは、まだまだわかっていないナゾだらけなのです。

実験や実習が多く取り入れられるのが特徴。水産加工品の工場見学や水族館見学などをはじめとして、乗船実習があることも！　乗船実習では、大学が所有する練習船や全長70〜80メートル弱クラスの練習船に1〜2週間乗り込み、漁業や航海の基本技術を身につけ、実際に魚を獲る実習や漁業調査などを行います。

海洋学部でも、研究対象となるウミガメや魚類の提供を受けるために、たびたび東北や北海道などの漁港に出かけ、現地の漁師と共同で研究を進めるなどエネルギッシュな一面もあるのです。

学生の持ち物

①ライフジャケット（救命胴衣）…乗船時は必ず着用！　②双眼鏡…鯨や海鳥などを観察したり見張りをしたり。　③酔い止め…大型漁船では酔わない人のほうがめずらしいとか。オロロロロ。

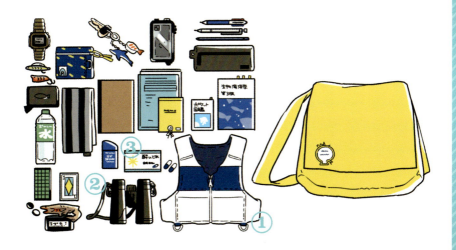

DATABASE

学部を選んだ理由
Reason for application

 1 学びたい内容があるから

 2 就きたい職業があるから

【卒業後の進路】 食品製造・流通業／漁業技術関連産業／養殖技術関連産業／水産関連団体　など

 3 その他

「実家が水産業で、家業を継いでより繁栄させたかったから」 など

学生数
Student population

大学生全体の約 **0.3**％がこの学部

実習が多く教育を十分に行き届かせる必要性があるなどの事情から、定員は少なめ。設置している大学が少ないこともあり、学生数も少ない。

男女比
Gender ratio

約 **70**％ ： 約 **30**％

入学後、学部へのイメージは？
Impression

67％
変わった！

「割とビジネス寄り」など、学ぶ内容にややギャップを感じる学生が多いようす。海洋学・水産学はどのような学問か想像しにくいのかもしれません。

33％
変わらない！

「とにかく面白い」「水産学にどっぷり浸かれる個性豊かな学部」など期待していたイメージどおりだったという声が。

学部用語
Vocabulary

 定番

同定
【意味】 魚などの生物の種類を確認・決定すること。
【用例】 「さっき釣った魚の同定して」

カッター
【意味】 海洋系の学部では、大型の船に積まれている小型のボートのことを指す。刃物のほうではない。
【用例】 「次の全日本カッター競技大会、出たいな～」

ボンクメイク
【意味】 ボンク（船のベッド）をきれいに整えること。乗船実習で行います。

 ホント!?

最近、釣れてる？
【意味】 最近、授業などでの魚釣りの成果が芳しいか否かを聞くときに使う。大阪弁の「儲かりまっか？」に近い（？）用法。
【用例】 「お～い、最近釣れてる？」

特徴
Characteristic

実習船・練習船

北海道大	おしょろ丸、うしお丸
東京海洋大	海鷹丸、神鷹丸、汐路丸、青鷹丸
三重大	勢水丸
神戸大	深江丸
広島大	豊潮丸
長崎大	鶴洋丸、長崎丸
鹿児島大	かごしま丸、南星丸
東海大	望星丸

乗船実習は、日本周辺や太平洋、インド洋などを航海し、水産・海洋に関する実習や海洋調査を行ったり、船舶職員に必要な海技士（航海・機関）の資格を取るための実習が行われます。

おいしいよ!!

研究成果が、
大学ブランド商品と
なることも!

オープンキャンパスや大学祭では
海産物の特売などがあり、
ご近所さんでにぎわう。

open campus
STAFF

まぐろ
カレー

さば
オイル漬け

いわしの
マリネ

たこの
アヒージョ

ほげ

AQUA RIUM
pass port

水族館の年パスを持っていて、
お休みの日は水槽の前でぼーっとするのが好き。

Gakubu
学部
あるある
Aru-Aru

学部あるある

宅飲みでナチュラルに魚を捌いてくれる。

熱を出したとき、水温計はあるのに体温計がなくてあわてる。

ゼェ ハァ

・陣取りゲーム

・ノートの切れ端トランプ

船の上はなにもないので、遊びがアナログ化する。

でんぐりがえし特訓

あんまり効かない!!

航海の前に毎日でんぐりがえしをすると船に強くなれると聞いてやってみる。

【水産学科】

漁獲量の管理や養殖技術を追求していく

　魚介類などの水産物を食料として考え、「漁獲する」「養殖する」「加工する」といったことに関する知識や技術を学びます。最近では、限られた水産資源を「獲る」ことよりも、「漁獲量を適切に管理して殖やす」ことに重点を置くようになりました。そのため、魚類の生態系の調査や保護なども研究の分野となっています。なお、水産学科が対象とする分野は広いため、例えば長崎大では学科内に4つの履修コースを置いており、北海道大は独立した4学科を置いています。

PICK UP!! 　先輩に聞く！　講義のすすめ

●水産経済学
　獲れた魚がどう食卓に並ぶか、魚の流通について学べる。
●基礎物理学
　海を知るには物理の知識が必要。高校で生物しか勉強していない学生は苦戦するようです。
●漁業法制
　法律も学ばないといけないとは思わなかったという声が多いのがこの講義。環境や資源の保護のための制約など、しっかり学びます！

1

【海洋生物資源学科】【海洋生物科学科】

海をめぐるさまざまな問題にアプローチ

　周りを海に囲まれている日本では、古くから豊かな海の恵みを享受してきました。しかし、プラスチックごみなどによる海洋環境の破壊や水産資源の乱獲など、さまざまな問題が噴出しています。海に負担をかけない漁業・養殖技術の確立、効果的な海洋環境の修復技術や資源の管理法、水産物における未利用の機能性の発見や利用法など、解決しなければならない課題は数多くあります。こうした課題に対応するのが海洋生物科学科、海洋生物資源学科などの海洋学関連の学科です。

PICK UP!! 　ユニークな卒業論文のテーマ

●ヒラメ感染症に対する各種プロバイオティクスの予防効果
●南日本海域にて発生する *Coolia* 属藻の群集組成及び動態に関する研究
●四国に生息するイワナ集団の遺伝学的および形態学的特徴
（高知大学公式サイトより）

2

医学部
いがくぶ

……どうぞ、
お大事に

FACULTY OF MEDICINE

こんな人に
おすすめ！

暗記が得意

長時間の勉強に
ストレスを感じない

真面目で根気強い

要領がいい

人が好きで、
思いやりがある

性格
1
位

個性的で
表現力豊か

性格
2
位

真面目で
責任感が強い

性格
3
位

要領が良く
何事も器用にこなす

この学部ってどんな学部？

医学とは、人体の内臓や組織の仕組みなどを科学的に分析し、病気やケガの診断・治療や予防にあたるための学問です。医学部では、医療の発展や健康の維持増進などに貢献する医師を養成しています。

医師を支えるコ・メディカルスタッフ（臨床検査技師、診療放射線技師、理学療法士など）を養成する保健学科などを置いている大学もありますが、最近は保健医療学部など医療技術系の学部を設置するケースが主流になりました。

カリキュラム
CURRICULUM

医学科の標準修業期間は6年間。2・3年次から基礎医学を履修し、具体的な患者の治療法の講義を受ける臨床講義を3・4年次に学び、4年次後期からはいよいよ、さまざまな診療科をローテーションでまわり、実際の医療現場で治療にあたる臨床実習を行います。臨床実習の前には医学に関する知識・技能を問う共用試験に合格する必要があります。

6年間の課程を修了し、医師国家試験に合格すると医師免許が与えられます。

学生の持ち物

①タブレット…医学に関連する電子書籍や問題集、医学専門サイトなどを閲覧できます。分厚い医学書などを持ち歩かなくてすみます。②聴診器…いわずもがな。③白衣…医大近辺には白衣の学生の姿も目立ちます。

DATABASE

学部を選んだ理由
Reason for application

 1 就きたい職業があるから
【卒業後の進路】 開業医／病院勤務の医師／大学病院の研究医／保健所勤務／医薬・医療機器関連産業 など

 2 学びたい内容があるから

 3 その他
「親が開業医でその後継者に」／「偏差値最高峰に挑戦」など

男女比
Gender ratio

約 **66**% ： 約 **34**%

学部用語
Vocabulary

定番

クリクラ
【意味】 クリニカル・クラークシップの略。1年がかりで全診療科をまわり、実際の診療に参加する形式の臨床研修のこと。ポリクリなどと呼ぶことも。

QOL（Quality of Life）
【意味】 生活の質。
【用例】 「差し入れもらったよ〜」「うおお、それはQOL高まる!!」

ホント!?

それはお辛いですね
【意味】 患者との医療面接などで、患者にかける言葉。あいづち。
【用例】 「生化学の単位落としたよ……」「それはお辛いですね」

時空が歪む
【意味】 浪人や留年などで年齢と学年が大きくずれること。勉強が難しい医学部ではわりとよくある現象。
【用例】 「俺、時空歪んでるから23歳で2年生だよ」

学生数
Student population

大学生全体の約 **2**% がこの学部

医学部の入学定員は医師養成数との兼ね合いから決められ、1大学100〜120人程度。

入学後、学部へのイメージは？
Impression

61%
変わった！

「みんな真面目」だけど「意外と面白い人が多い」との声が。「現役医師の勉強量・経験のすごさに気づかされた」といった感想も。

39%
変わらない！

「大学でも勉強漬け」「勉強することが大事」など、勉強量の多さを強調する意見が目立ちました。

特徴
Characteristic

医師になるまで

2年次	基礎医学
3年次	臨床医学
	共用試験
4年次	【後期〜】臨床実習
6年次	【2月】国家試験
	【3月】卒業

4年次に共用試験に合格し、4年次後期から診療参加型の臨床実習であるクリニカル・クラークシップなどの実習を経て医師国家試験にチャレンジ。国家試験はマークシート方式の選択問題が2日間で400問出題され、計14時間近くかけて解きます。国家試験をパスして卒業すれば医師免許が取得できます。

現役医師の知識量や
経験値を目の当たりにして、
その姿がかっこよく見えるようになる。

看護学部生からは先生と呼ばれるが、
あくまでもただの呼称……。

テストが多すぎて、テストの日程を
把握するだけでも大変！

はいっ

先生ちょっとどいて!!

日程をメモした
付箋だらけのPC

今週は、3つテストがあって…

来週と再来週は——…

Gakubu

学部
あるある

Aru-Aru

学部あるある
Gakubu
Aru-Aru

寝たい…!!

みんな勉強はよくできるが、
生活や試験前の姿は
一般的な大学生と変わらない。

忙しい実習や授業のある週でも
土日に遠出して意地でも遊ぶ!

10代から40代くらいまで、
同級生の年齢層が厚く、
いろんなひとがいる。

・小論文
600字以内でお別れの
手紙を書いてください。

消毒液

必須品!!

菌に敏感になって
頻繁に手の消毒をする。

人間性や倫理観を試されがち。

架空の恋人へ宛てた
別れ話の手紙を書かせた
伝説の入試があるとか……。

【医学科】

いわずもがなの高偏差値・最難関の学科

　人命に関わる研究に携わる学科ということで、全学科のなかでも最高峰の難関です。教育の内容についてですが、2～3年次に学ぶ基礎医学としては、実際に解剖を行い人体の構造を知る解剖学、人間の身体の仕組みを学ぶ生理学、薬が効くメカニズムを探る薬理学、病気が発生するメカニズムを理解する病理学などがあります。3年次以降は臨床医学や臨床実習へ進み、実際の患者の治療に関わっていくことに。

　なお、「内科」「外科」「眼科」「小児科」といった診療科がいくつもあり、医学部医学科ではすべての診療科について学びます。学生時代から研修中の駆け出し医師の時代にかけて、さまざまな診療科をまわって経験を積み、徐々に自分の専門とする診療科を決めていくのが一般的です。どんな医師になりたいか、学生時代から明確に決まっている人もいれば、医師として働くなかで目標ができる人もいます。一人前の医師になるには、6年間の学部教育に加えて卒業後の研修が必要です。

PICK UP!!　医師の活躍のフィールド

　おもに医師が働く場は病院か診療所。法律で、入院用の病床（ベッド）の数が20床以上の医療施設が病院、病床19床以下、または病床を有さないものが診療所と定められています。

●街のお医者さん（開業医・専門医）
　最も身近なのが「〇〇内科医院」「××外科クリニック」「△△眼科」といった街のお医者さんでしょう。日本では、医師免許があれば自分の専門とする診療科の診療所を開業できます。日本内科学会など自分の専門の学科の学会に所属して、専門医の資格を得ると、一人前の医師として評価されやすくなります。

●病院勤務のお医者さん（勤務医・専門医）
　病院勤務の医師の場合、担当する診療科によりますが、職場は概ね、通院する患者を診察する外来と入院患者を診てまわる病棟に分けられます。外来と病棟を両方こなすケースも。3～5年ほどで勤務先の病院を変える勤務医は多いです。勤務医として専門性を高め、独立して開業医になることも可能です。

●研究職のお医者さん（大学病院など）
　患者さんの治療にあたることはなく、大学で最先端の医学の研究を行う医師を研究医といいます。そのほとんどが、医学部の医学研究科に所属し、大学病院などで研究に携わっています。病院などで患者の診療を担当しつつ、大学病院で研究もしている医師もいます。

●国際機関のお医者さん
　世界保健機関（WHO）や国際協力機構（JICA）、国境なき医師団などの国際医療組織に所属する医師もいます。おもに、貧しくて十分な医療を受けられない途上国の人々の診療にあたったり、エボラ出血熱などの難病の治療にあたったりします。

1

PICK UP!!　「外科」と「内科」ってなにが違うの？

　病院の看板などで見かける「内科」「外科」「整形外科」などの診療科名。「眼科」や「耳鼻咽喉科」など身体の部位が診療科名になっているものはわかりやすいですが、ちょっと理解しにくいものもあるので、ここでいくつか解説します。

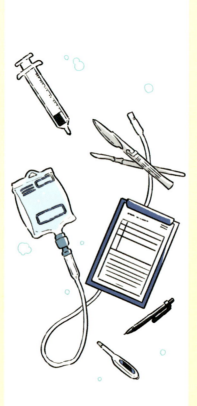

●内科

　おもに内臓などを診断して、薬物を投与することで病気を治療するのが内科です。薬物だけでなくレントゲンなどの機器も用います。内科で診断した結果、外科での手術を勧めるという流れも一般的です。

●外科

　おもに手術によって病気やケガを治療する医学の分野・診療科名です。外科でも、手術で切除できなかったがん細胞に対し、抗がん剤を投与するなど薬を用いることもあります。

●脳神経外科

　外科のなかで特に、脳や脊髄、脊椎、神経などの病気を手術で治します。脳腫瘍や、くも膜下出血など重大な症状を治療することもあり、また脳や神経は下手に傷つけると後遺症が残るので手術するのが難しいことなどから、手術の上手なエリート医師が多く集まります。

●小児科

　生後間もない赤ちゃんから中学生くらいまでの子どもの病気全般を診る診療科です。成長過程にある子どもの心身は、大人とは違う特徴があるので、その道の専門医が必要とされます。

●麻酔科

　手術などで麻酔をかけるだけでなく、手術中常に、麻酔によって意識がないなど身体を正常にコントロールしにくくなっている患者の状態を管理し、トラブルなく手術が終わるようにします。高度な専門知識が要求されるため、麻酔科医だけは学会に認定された医師しか名乗ったり、医療行為を行ったりすることはできません。

●その他の診療科

　その他、「呼吸器内科（呼吸器の病気を薬で治す）」「老年精神科（高齢者の精神の病気を治す）」など、ふたつ以上の要素を重ねた診療科などがあります。

　各診療科についてですが、医師免許をもっていれば、医療法という法律に則った診療科名であれば自由に標榜できます（麻酔科は除く）。極端な話、医学科卒業後に外科の診療の経験がなくても「外科」と看板に掲げて開業することが可能です。なお、ここで紹介した以外にもたくさんの診療科があります。

Column

現役大学生に聞いてみた!!

> Question

大学生活での楽しみは？

> Answer

【多様な仲間との関わりから自分を高められる】
交流の幅が広がり、自分を高められることです。
大学にはさまざまな経験をもった人が集まります。授業では近くの席の人とグループワークをしたり、学籍番号の近い人と一緒に課題を進めたりする機会を通して、多様な考えを知ったり、新たな知識を身につけたりすることができました。このような環境をいかして、今後も積極的に学んでいきたいです。

薬学部

<ruby>薬<rt>やく</rt></ruby><ruby>学<rt>がく</rt></ruby><ruby>部<rt>ぶ</rt></ruby>

FACULTY OF PHARMACY

**こんな人に
おすすめ!**

真面目に勉強ができる

暗記と計算が得意

化学、生物、物理が
まんべんなくできる

忙しくても精神的に
へこたれない

倫理観が確立されていて、
人の役に立ちたい

用法用量は
ちゃんと
守ってよね

性格
1
位

要領が良く
何事も器用にこなす

性格
2
位

真面目で
責任感が強い

性格
3
位

自立心が強く
我が道を進む

この学部ってどんな学部?

薬学は、医薬品に関する研究を行う学問。私たちの健康に欠かせない、薬の開発・生産や医療現場での処方・管理など、薬の使い方や作り方に関する総合科学です。薬学部の学科はおもに、薬学科(6年制)と薬科学科(4年制)の2つに分けられます。薬学科では薬剤師の国家試験受験資格を得られますが、薬科学科は卒業しても資格が得られません。学科の名称は大学によって違うこともあるのでご注意を。

カリキュラム
CURRICULUM

薬学科は1年次に専門基礎科目として、有機化学や薬用植物学、生化学などを履修します。2年次になると微生物学や薬理学(薬がどのように効くかを知る)などを、3年次以降は医薬品情報学などを学び専門性を強め、4年次からは研究室に所属。4年次の終わりに知識と技能・態度を評価する共用試験があるのは医学部などと同じです。

それに合格して、5年次には病院や薬局での実務実習をほぼ半年間にわたって実施、6年次には薬剤師国家試験に向けた講義などもあります。

学生の持ち物

①実験ノート…絵が上手い人のものはきれいだとか。②保護メガネ…薬品などから目を守るためのメガネ。実験が多く手放せない存在。③白衣…薬品を扱う際は衛生面にも注意。

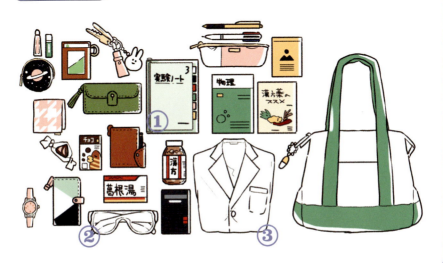

DATABASE

学部を選んだ理由
Reason for application

 1　就きたい職業があるから
【卒業後の進路】薬局勤務の薬剤師／病院勤務の薬剤師
／薬剤メーカーの営業職／化粧品メーカー　など

 2　学びたい内容があるから

 3　その他
「手に職がつくから」／「がんを治す薬を開発したい」　など

男女比
Gender ratio

約 **40**% ： 約 **60**%

薬剤師は女子に人気が高いこともあって、女子比率が高め。製薬技術者や研究者を目指す薬科学科などは男子が多くなります。

学部用語
Vocabulary

定番

体内動態
【意味】薬の体内での作用のこと。
【用例】「えーっと、この風邪薬の体内動態は……」

パンデミック
【意味】世界的な大流行のこと。一般的にはインフルエンザなどの感染症の広まりなどに使う言葉だが……。
【用例】「今年は、この映画がパンデミックするだろうな」

アザチオプリン
【意味】薬の名前。語感が似ている（？）ため「ありがとう」の代わりに使われる。
【用例】「カップ麺買っといたよ」「まじでアザチオプリン～」

学生数
Student population

大学生全体の約 **3**% がこの学部

定員は少なめの薬学部ですが、新設なども目立ち、増加傾向にあります。

入学後、学部へのイメージは？
Impression

68%
変わった！

32%
変わらない！

「予想より勉強が大変！」という意見が目立ちます。「薬の種類や効き目だけでなく、生物や化学など幅広く学ぶのが意外」と驚く人も。

「真面目な人が多い」「忙しい、遊べない」のは想像どおりという声もありました。

特徴
Characteristic

薬剤師になるまで（6年制の薬学科）

1年次	教養科目や語学科目のほか、薬学の基礎となる化学系、生物系、物理系の科目なども学ぶ。
2年次	基礎薬学科目と同時に、有機化学や生化学の実習も開始。薬の測定法や機器分析法なども履修する。
3年次	専門科目が学びの中心となる。実習の他実験の手法や解析法なども修得していく。
4年次	年次の終わりに共用試験というテストがあり、合格しないと実務実習に進むことができない。
5年次	薬学実務実習が病院で11週、薬局で11週の計22週行われる。現場での薬剤師のようすがわかる。
6年次	卒業見込みの状態で、例年2月下旬に実施の国家試験を受験。合格すれば薬剤師の免許がもらえる。

薬学部のおもな学科

【薬学科】

高度な知識と実践力を備えた薬剤師を目指し、ビシバシと勉強！

　6年制で薬剤師の育成を目的とする学科。1～2年次のうちは教養科目や語学科目を中心に学び、2年次以降に徐々に専門性を高めます。4年次には、大学内のモデル薬局やモデル病室、調剤・製剤室などでの実務実習事前教育も行われます。4年次の終わりに実施される共用試験では、知識を評価するCBTと、薬剤師としての技能・態度を評価するOSCEが課されますが、それにパスすれば5年次の薬学実務実習が待っています。また、4年次から6年次にかけて、研究室に所属して卒業実習教育を受け、卒業論文をまとめます。実習や、演習の授業、卒論作成などをこなしていくなかで「病院勤務か薬局勤務か」など、自分の希望する薬剤師像を確立していくことになります。

PICK UP!!　薬学実務実習

11週間の病院実習と11週間の薬局実習の計22週にわたります！
●病院実習
　入院患者への服薬指導、医師・看護師など医療スタッフへの薬の情報説明など、医療チームの一員としての薬剤師の役割を体験します。
●薬局実習
　薬局での服薬指導、薬の管理・提供の仕方などを学びます。

PICK UP!!　薬剤師の活躍のフィールド

●**薬局勤務**
　私たちが最もよく目にするのが薬局勤務の薬剤師です。「処方せん通りに薬をわたすだけなら、薬剤師の資格なんていらないんじゃ……」と思っている人は大間違い。同じ成分（物質名）でも薬のメーカーによって商品名が異なる医薬品があり、同じ薬を重複して提供しないようにチェックするなどの役割があります。また、「お薬手帳」を作って患者に処方した薬の情報を記録し、薬の飲み合わせによる副作用や重複投与を防ぐことも大事な使命です。
●**病院勤務**
　病院にも薬剤師の姿が。高齢者が多い入院患者に対し、薬の量や回数を正確に服用してもらうのはなかなか大変。以前はおもに看護師が行っていた注射薬や点滴の取り扱いも、薬剤師に任せる病院が増えています。また、検査技師から「患者の検査で異常な数値が出たが、薬の影響は考えられるか？」といった問いに答えることも。「患者から薬について聞かれたがわからない」という看護師の要請から、訪問看護に帯同する薬剤師もいます。
●**MR**
　MRとは「Medical Representative」の略で、医薬品メーカー企業の医薬情報担当者のこと。わかりやすくいえば、病院などを訪問して医師に対して自社の薬を使ってもらえるように働きかける、薬の営業職と考えてもらっていいでしょう。薬剤師の資格がなくてもできる仕事ですが、医師と薬や医療に関して専門的な話をすることもあります。医薬品の情報活動を通して患者さんの健康維持に貢献します。
●**その他**
　メーカー企業の薬を作る部署も、薬剤師の職場のひとつ。薬の新規開発は仕事にするのは難しいのですが、新薬開発の過程で人間に対してその薬を試験的に投与して、効果や安全性などをテストする治験、自社の薬の情報の管理など、その活躍の場は多岐にわたります。その他、ドラッグストア勤務の薬剤師もいて、使用時の安全性に強い配慮が必要な第一種医薬品に分類される薬は、薬剤師がいない店では売ることができません。

1

【薬科学科】

大学院進学が前提で、薬の研究者・技術者を養成

　薬剤師を育てるのが目的の薬学科に対し、薬をつくったり、医療の現場で役立てたりする研究者・技術者の育成を目指すのが薬科学科です。そのため、3年次以降の専門的な学びの内容は、直接、薬をつくったり、その効き目のデータを分析したり、といった実験中心になります。多くの私立大学薬学部で薬学科の定員のほうがウエートが大きいのに対し（薬科学科を設置していない大学もあります）、国公立大学薬学部では薬科学科の定員が多くなる傾向にあるのも特徴です。学科の名称は単に「薬科学科」とするケースがほとんどですが、「生命薬科学科」「創薬科学科」「動物生命薬科学科」など、頭に学科の特徴を冠した学科名にしている大学も。いずれにせよ「…薬科学科」となることに変わりはありません。

　ほとんどの大学で、大学院に進学して研究を深めることを前提としたカリキュラムを編成しており、卒業生の多くが大学院に進みます。企業で、薬や食品などの開発職に携わるには大学院で修士号を得ることが条件になることが多いです。

PICK UP!!　薬科学科の学生の大学院修了後の進路ってどんなかんじ？

●薬品メーカー
　みんなが知っているような大手薬品メーカーの新薬の研究職・開発職は人気の職種です。有名な国公立大学の大学院を修了しているのは大前提で、そこからさらに熾烈な競争が。研究職とは新薬をつくる職種、開発職とは薬のデータを分析・評価する職種と考えてください。ほかに、自社の薬のデータを管理し、そのデータを自社のMR（営業職）や医療現場に提供する「学術」という職種もあります。

●化粧品メーカー
　化粧品は薬事法という薬を規制する法律で管理されているため、薬科学科出身者の守備範囲になります。その背景には、化粧品は身体に塗りつけることで効き目が表れるものであり、薬と同程度、安全性や効き目の確かさが求められるということがあるのです。化粧品メーカーで化粧品の研究・開発にあたるのは、特に女子学生の間で大人気となっていて、大手薬品メーカーのそれに勝るとも劣らないほどの狭き門となります。

●大学の研究職
　大学院修了後も大学に残って研究職を志すケースも少なくありません。まずは博士課程に進んで博士号を取得し、准教授や教授の座を目指します。自分の研究だけでなく、学生の指導も仕事になりますが、准教授や教授のポストは数が少なく、大学からお給料をもらいながら研究・指導にあたるのがなかなか難しい状況にあることは頭に入れておきましょう。研究内容ですが、新薬開発は膨大なお金がかかるため大学では一般的ではありません。

●その他
　有名な薬品メーカーでも、営業職であるMRであれば、それなりに求人はあります。その他、薬科学科で学ぶ内容は、化学や生命科学など食品の研究・開発と重なる部分も多いので、食品メーカーへの就職も人気です。また、直接、薬や食品に関わる企業でなくとも、化学や物理の研究ができるスキルを応用して、化学工業のメーカーや各種研究機関の研究員になるケースもあります。

PICK UP!!　先輩に聞く！　講義のすすめ

●薬理学
　薬物が投与された後、体内をどのように移動するかを知ることができて面白い。THE薬学部という感じ！
●薬学関連法規
　薬事法などの重要な法律や規則を学ぶ。

現役大学生に聞いてみた!!

Question

大学生活での楽しみは？

Answer

【大学の親友は一生の友達です！】
自分の興味がある範囲について学ぶことので
きる毎日はとても楽しいです。ときには、ほぼ
泊まりこみで試験勉強をすることもあります
が、そんなつらいときでも、同じ学部生同士で
さまざまなことを語りあったり、一緒に悩みな
がら課題をしたりするのは大学生活ならでは
の良い思い出というか……。サークルなどで
ほかの学部の人たちと仲良くなれることもあ
りますよ！

看護学部・保健医療学部

はいはーい、助けが必要ですか？

こんな人におすすめ！

深く考えすぎずにストレスをやり過ごせる

相手の心や小さな変化をわかってあげられる

要領良く、スケジュール管理なども得意

グループで活動できる

コミュニケーション能力が高い

性格1位 個性的で表現力豊か

性格2位 明るく周りを笑顔にする

性格3位 要領が良く何事も器用にこなす

※保健学系は医学部の学科とするケースもあるため、本書では看護学のデータのみを抽出して掲載しています。

FACULTY OF NURSING

FACULTY OF HEALTH SCIENCE

この学部ってどんな学部？

カリキュラム
CURRICULUM

赤ちゃんからお年寄りまで、すべての人の心身のケアをする知識や技術を、科学的に研究するのが看護学。看護学部では、ケアを必要とする人々に質の高い看護を提供するための専門的知識と技術を修得します。また、医学に関することだけでなく、人間そのものを理解するために、文化学や政治学など文系科目も学ぶことも。一般に、将来、看護師になりたい人が集まる学部といえるでしょう。卒業すれば看護師と保健師の国家試験受験資格が得られます。また、保健医療学部にはコ・メディカルスタッフを養成するさまざまな学科が置かれています。

1年次は、哲学や心理学、生物学などの人間を理解する科目を学びつつ、基礎看護科学や生活援助技術などの看護専門科目を学びます。

2年次以降はほぼすべてが看護専門科目で、人間の身体の機能や感染症など医学系の科目と並行して、小児看護学、在宅看護学、リハビリテーション概論などさまざまな看護に関する科目を履修し、将来、どんな道に進むかを考えます。

看護学科では、4年間を通して学習段階に応じたさまざまな実習が行われます。学内での実習だけでなく、病院や訪問看護ステーション、保健所での実習もあります。

学生の持ち物

①ナース服…多くの大学で、ナース服授与式は新入生の一大イベント！　②聴診器…初めて手に取ったとき、想像以上に重いと感じるとか。③関数電卓…肥満度の指標BMIなど患者のデータ計算に役立ちます。

DATABASE

学部を選んだ理由
Reason for application

 1 就きたい職業があるから
【卒業後の進路】 病院勤務の看護師／介護施設勤務の看護師／開業医勤務の看護師／公務員（保健師）など

 2 学びたい内容があるから

 3 その他
「母親が看護師だったから」 など

男女比
Gender ratio

約 **9**% ： 約 **91**%

学部用語
Vocabulary

 定番

ＧＷ（ジーダブル）
【意味】 看護学部の授業・実習でよく見られるグループワークの略。ＧＷという英字を見ても「ゴールデンウィーク」と考えなくなる。

コーピング
【意味】 心理学などの用語。ストレスを解消すること。
【用例】 カラオケでコーピング！

ホント!?

上気道感染症
【意味】 要は風邪のこと。
【用例】 「いま上気道感染症気味だわぁ」

シバリング
【意味】 医学用語。生物が身震いなどで体温調節すること。
【用例】 「真冬すぎてシバリング」

自己効力感
【意味】 心理学用語で自信や、やる気。
【用例】 「いつも厳しい教授に褒められると、自己効力感高まるな〜」

学生数
Student population

大学生全体の約 **3**% がこの学部

看護学科は設置数が年々増えていますが、定員が少ないため全体では約3％です。

入学後、学部へのイメージは？
Impression

67% 変わった！

看護の現場にピリピリしたイメージをもつ学生も多いのか「みんな優しい」「雰囲気が思ったよりも明るい」といったポジティブなイメージに変わった人が多数。

33% 変わらない！

「記録物が多く大変」「厳しい」のは、やっぱりそうみたい……。医学科と交流があるなど、交友関係の幅は広いです！

特徴
Characteristic

看護職の就職活動の流れ

3年次	【〜3月】目標を決めて、情報収集して病院や福祉施設などを比較。実際に自分が働きたいと思える病院や福祉施設を絞りこんでいく。
	【11月〜4月】合同説明会・インターンシップ・病院説明会などへ参加。課題や実習と並行して行うため、忙しい時期！
4年次	【〜8月】就職試験
	【9月〜1月】国家試験対策・卒論。国家試験合格率は看護師で約90％と高め。「合格して当然」のプレッシャーも!?
	【2月】看護師国家試験
	【3月】卒業

就職活動の開始時期は年々、早まる傾向に。3年次ほど忙しくない2年次に、資料請求などをしてしまうのもひとつの手です。

シュバババ

めちゃくちゃ
早い。

バババッ

長い髪をお団子にするために
髪をまとめるのが上手くなる。

ササッ

実習のとき、現場のあまりの
忙しさに「看護師って歩くのが
はやい……!」とおどろく。

手を洗うときは
肘まで洗う。

モコ

モコ

Gakubu

学部
あるある

Aru-Aru

【看護学科】

小児看護や在宅看護など実習の種類は豊富

　1年次から全履修科目の半数以上が専門科目と、早くから看護関連を中心に学び、3年次以降は小児看護学、老年看護学、精神看護学、母性看護学、在宅看護学などより細かく具体的に分けられた専門領域の講義・実習を受け、自分がどんな医療の現場でどんな看護師として仕事をしていきたいかを決めていきます。看護師と同時に、保健師の国家試験受験資格や養護教諭などの資格を得られる科目・コースなどを設置している大学もあります。助産師の資格は看護師の資格に関わる科目に加えて助産師課程を履修する必要があり、大学の4年間の中で取得できる大学もありますが、ほとんどは卒業後に助産師課程に進学します。

PICK UP!! 看護の実習って…

- ●採血実習
- ●注射器での薬液の取り扱い実習
- ●点滴実習
- ●食事介助実習
- ●小児看護実習
- ●血圧測定実習

PICK UP!! 看護師の活躍のフィールド

看護師のほとんどが病院で働いています。
いわゆる街のお医者さんである診療所は小児科や整形外科、眼科など、特定の診療科に特化するケースも。

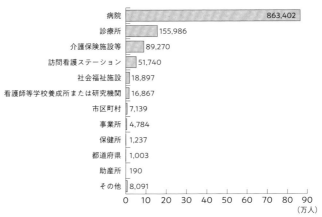

病院	863,402
診療所	155,986
介護保険施設等	89,270
訪問看護ステーション	51,740
社会福祉施設	18,897
看護師等学校養成所または研究機関	16,867
市区町村	7,139
事業所	4,784
保健所	1,237
都道府県	1,003
助産所	190
その他	8,091

（万人）

（厚生労働省・2018年度衛生行政報告例より）
※保健師と助産師の数は含まない。

1

看護学部・保健医療学部のおもな学科

看護師の職場
- ●ケガや病気で苦しむ人々のケアを行う
- ●大病院の救急救命チームで
  手術のサポートまで行う
- ●病院で24時間・交替制で
  入院患者のケアにあたる
- ●クリニックで
  血圧測定・点滴・注射など
  の医療補助
- ●高齢者介護施設などで
  入所者の健康状態を管理

保健師の職場
- ●都道府県などの保健所などで
  住民の傷病予防・健康増進に努める
  （インフルエンザ予防の
  呼びかけなど）
- ●企業で働く人々の
  健康管理を行う産業保健師

助産師の職場
- ●自宅出産をサポート
- ●病院の産婦人科などで
  出産の手助けを行う

養護教諭の職場
- ●学校の保健室などで
  児童・生徒、教職員の健康管理

【保健学科】

チーム医療にかかわるコ・メディカルスタッフ（医療専門職）を育成

　チーム医療で医師を支える、看護師、保健師、助産師、診療放射線技師、臨床検査技師、理学療法士、作業療法士などのスタッフを育成する学科。国公立大学では医学部に保健学科が設置され、看護学専攻、放射線技術科学専攻、検査技術科学専攻、理学療法学専攻、作業療法学専攻のうちいくつかの専攻を置いていることが多いです。私立大学の場合は、看護学科、臨床検査学科など取得できる資格別に独立した学科を置いています。

PICK UP!! 　学科や専攻の例はこちら！

●国際医療福祉大学の場合

保健医療学部 ┬ 看護学科
　　　　　　　├ 理学療法学科
　　　　　　　├ 作業療法学科
　　　　　　　├ 言語聴覚学科
　　　　　　　├ 視機能療法学科
　　　　　　　└ 放射線・情報科学科

●信州大学の場合

医学部保健学科 ┬ 看護学専攻
　　　　　　　　├ 検査技術科学専攻
　　　　　　　　├ 理学療法学専攻
　　　　　　　　└ 作業療法学専攻

2

【臨床検査学科】

医療の各種検査を専門に行う臨床検査技師を育成

　血液検査や尿検査、遺伝子検査を行ったり、機械を操作して患者の脳波や呼吸機能、心電図など身体の機能の状態を調べる検査などを行う臨床検査技師を育てます。医師が病気の診断や治療、予防をするのに役立つデータを提供するわけですから責任は重大。そのため臨床検査の幅広い専門科目を学び、学内実習を通して検査の実践的な手法を修得します。高学年では病院で臨地実習を行い、チーム医療における医師や看護師などとの連携など、病院での役割も学びます。

PICK UP!! 　先輩に聞く！　講義のすすめ

●遺伝子検査学
　「性格の形成にかかわる遺伝子はあるのか」など、検査に直接、関係なさそうなことも学べて面白い講義。
●医用電子工学
　検査機器を正確かつ安全に使用するスキルを学びます。機械好きにはたまりません。

3

看護学部・保健医療学部のおもな学科　Department Introductions

身近で奥深いレントゲン撮影の学び

　エックス線という放射線を利用したレントゲン撮影は、みなさんも一度はお世話になっているはず。その技術を学ぶのが診療放射線学科です。診療放射線技術学科、診療放射線技術科学科などという名前になっていることもあります。「レントゲンだけ４年も学ぶの？」と思うかもしれませんが、最近は、体内を輪切りに画像化するエックス線ＣＴや超音波診断など最新医療機器も扱い、得られたデータを画像処理・３次元化し患者の身体と同じ状態にして医師に提供するなど、撮影機器や技術も進歩していて、勉強することがたくさんあります。

PICK UP!!　先輩に聞く！　講義のすすめ

- ●放射線治療技術学
　大量に浴びると人体に有害な放射線。それをあえてがん細胞にピンポイントで当てる放射線治療の仕組みや技術を学べる。
- ●診療画像技術学実習
　撮影したデータを患者に説明するところまで行う実習。

4

ほぼ就職率100％のリハビリのプロを目指す

　いずれもリハビリテーションのプロを養成する学科で、それぞれ理学療法士、作業療法士、言語聴覚士の国家資格を取得するのが目標となります。いずれも取得資格に直結した理論・技術を学びますが、そのうえで、生命医科学、医療、疾病、介護福祉などを総合的に学び、健康増進や疾病予防、障害者支援ができる能力と地域医療システムを構築できる能力を習得します。このほか、リハビリテーション学科として学科内に理学療法学専攻や作業療法学専攻、言語聴覚学専攻を置くケースや、視能訓練士を養成する視機能療法学科、鍼灸師を養成する鍼灸学科、臨床工学技士を養成する臨床工学科、救急救命士を養成する救急救命学科などがあります。

PICK UP!!　それぞれの国家資格を教えて！

- ●理学療法士：おもに病気やケガなどによって身体が不自由になった人のリハビリを、理学のスキルによって行います。
- ●作業療法士：おもに身体や精神に障害のある人や高齢により心身に障害のある人に対し、手芸や園芸、音楽や運動などの作業を通じて症状の改善を図ります。
- ●言語聴覚士：おもに脳梗塞や脳腫瘍などの後遺症で言葉が出ない人や、喉頭がんで声帯を失い発声訓練が必要な人、発音に障害のある児童など、言葉でのコミュニケーションに支障のある人々のサポートを行います。

5

Column

現役大学生に聞いてみた!!

Question

放課後はどのように過ごすことが多いですか？

Answer

【図書館での勉強は集中して！】
夕方からアルバイトがあることが多いので、それまで勉強をしたり、友人と過ごしたりしています。特に試験前などは、大学の図書館に行くことも多いです。大学の図書館は広くて、のんびり落ちついて作業できるのでおすすめですね。アルバイトがないときは、買い物に行くことが多いかな。

歯学部
(しがくぶ)

こんな人に
おすすめ！

手先が器用

気づかいや
思いやりがある

勉強や暗記を
コツコツできる

スケジュール管理が
うまい

性格1位
個性的で
表現力豊か

性格2位
自立心が強く
我が道を進む

性格3位
明るく
周りを笑顔にする

歯の健康は、
全身の健康だぞ

FACULTY OF DENTISTRY

歯学部では、歯や口のなか、唇、あごなどの病気、ケガの治療法や予防法などを学習します。医学部と同じく6年制です。歯科医師を養成する学部です。歯と口内という人体の一部を扱う学問であること、歯や歯周病などの口内の病気はひいては人間の身体全体に悪影響を及ぼすとされることなどから、内臓や各種器官など人間の身体全体に関する基礎医学なども習得します。歯科治療の特殊性から、手先の器用さも大事です。

カリキュラム
CURRICULUM

1～2年次に教養科目や語学科目を履修するのは他学部と同じ。2年次から生理学や薬理学、病理学など基礎歯学と基礎医学を勉強します。3年次後期から、患者の治療について具体的に学ぶ臨床歯学が始まり、同時に内科学や外科学など医学全般の講義も重視されます。

4年次の終わりから5年次前期にかけて知識や診察技能などを評価する共用試験があり、それをパスすれば1年かけて付属病院の診療科をローテートする臨床実習へ。すべての課程を修了すると歯科医師国家試験の受験資格が得られます。

学生の持ち物

①工具箱…歯の模型のほか、歯科技工の道具一式が入っています。②エバンス…歯の詰め物の型を削る、歯科医師専用の彫刻刀。③ケーシー…歯科医師が着る白衣的な上着。

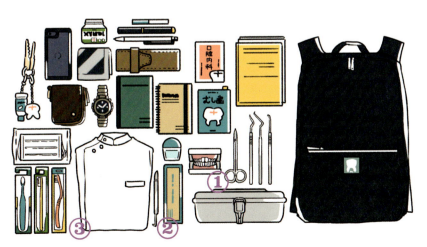

DATABASE

学部を選んだ理由
Reason for application

1 就きたい職業があるから
【卒業後の進路】 開業医／病院勤務医／大学講師・教授／研究職 など

2 学びたい内容があるから

3 その他
「資格を取っておきたかった」／「入試方式が自分に有利だったから」 など

男女比
Gender ratio

約 **57%** ： 約 **43%**

学部用語
Vocabulary

定番

はかい
【意味】 「歯の解剖」の授業の略。同様に「義歯補綴（ぎしほてつ）」（＝ぎほ）、「口腔外科」（＝こうげ）など。

ばついと（抜糸）
【意味】 抜歯と紛らわしいので「ばついと」という。

3番、8番など
【意味】 歯の位置を指し示すのに「〇番」とする。歯並び全体を上下左右の4つに分け、各々の前歯を1番として、そこから奥に行くにつれ2番、3番、4番、…と数えていく。3番は犬歯、8番はいわゆる“親知らず”（ない人もいる）にあたる。
【用例】 「左下の8番抜いた！ 痛かった〜」

ホント!?

ミュータンス
【意味】 むし歯の原因になる細菌のこと。転じて、むし歯が多い人のこと。
【用例】 「最近なんか歯が痛くてさ〜」「ま、まさかお前……ミュータンス!?」

学生数
Student population

大学生全体の約 **0.6%** がこの学部

極めて専門性の高い分野だけに大学数は少なめ。また、近年は歯科医師が過剰気味のため定員が減少傾向にあります。

入学後、学部へのイメージは？
Impression

68% 変わった！

32% 変わらない！

「医学的なことも多く学ぶ」「歯科医師に必要な知識の奥深さに驚いた」など。「歯医者の仕事の楽しさにあらためて気づいた」という声も。

「真面目で努力家の学生がそろう」「目標に向けがんばるのみ」など、目的が明確な歯学部らしいイメージどおりという意見が目立ちます。

特徴
Characteristic

歯科医師になるまで

5年次	【〜前期】共用試験	
	臨床実習（1年間）	
6年次	【2月】国家試験	
卒業後	臨床研修（1年間）	

5年次前期までに共用試験をパスし、臨床実習（1年かけて実施）などを経て歯科医師国家試験に挑戦。国家試験に合格して大学を卒業したのちに、大学付属病院などでの1年間の臨床研修を終えれば晴れて歯科医師に。開業する場合、最初は病院の勤務医として経験を積み、数年後に開業医になるのが一般的。

手先が器用。

マスクが似合う。

クリクラでは相互実習を行い、
これまで模型で行っていたことを生身の相手に行う。
どのくらい口を開けていられるかを知るなど、経験を通して学ぶ。

どんなに疲れていても歯を磨かないと
気が済まない。

うとうと

おすすめは
この歯ブラシ!

細菌学の講義を
受けてからというもの、
歯磨きに目覚める。

Gakubu

学部
あるある

Aru-Aru

学部
あるある
Gakubu
Aru-Aru

医学部とはキャンパスや授業が
一緒になることが多い。

どれが良い!?

人が泊まりに来ると、
いつでも歯ブラシを提供できる
くらい歯ブラシを集めている。

LIVE 19:30

めっちゃ歯並び
良いな…

この子は3番が
良いよね。

人の歯並びに敏感で、ついチェックしてしまう。
歯を番号で呼びがち。

歯学部のおもな学科

【歯学科】

トレンドは痛みのない治療や予防歯科学

　虫歯（正式には「う歯」「う蝕」などと呼びます）の治療はもちろんですが、歯並びや歯のかみ合わせの矯正、入れ歯づくりやインプラント、歯周病対策、子どもの歯の治療に関する小児歯科学など、求められるスキルは幅広くなっています。さらに、歯科医療で使う装置や器具とその材料などについて学ぶ歯科理工学などの分野も。

　最近では、なるべく歯を抜かないことや、できるだけ患者に痛みを与えずに治療することに重点が置かれるようになりました。定期健診で虫歯になるのを防ぐ予防歯科学などが歯学の世界のトレンド。その技術は日々、進歩しています。

PICK UP!!　先輩に聞く！　講義のすすめ

●解剖
　人体の構造がよくわかり、「なるほど」と思うことも多い。
●口腔外科学
　実際に、歯科医がどんな手術をしているのかがわかる。
●病理学
　顕微鏡での観察が大変。組織学をマスターしていないと理解が難しい。
●歯科理工学
　歯科治療に直結しにくい物理や化学の要素が大きく苦手な人が多いとか。

1

【口腔保健学科】

歯科衛生士など口腔健康科学の専門家を養成

　歯科衛生士はおもに専門学校で養成されていますが、近年は口腔ケアの重要性が叫ばれ、口腔保健学という分野の重要性が増してきたことから、大学でも高度な知識・技術を持った歯科衛生士の養成を目指して口腔保健学科などが置かれるようになりました。専門科目は幅広く、虫歯や歯周病の予防法だけでなく、歯や口を健康に保つための知識・技術を学びます。東京医科歯科大や広島大は歯科衛生士を養成する専攻のほか、歯科技工士を養成する専攻を置いています。

PICK UP!!　歯だけじゃない！　歯学の領域

大学によっては、歯科医療は歯とその周辺組織に留まらず、口唇（くちびる）、口蓋（口の内部）、舌、唾液腺はもちろん、顎骨（あごの骨）、顎関節（あごの関節）など広く口腔領域の疾患を対象としています。

口蓋
舌
くちびる
あごの関節

2

実技系

芸術系統

創作のテクニックや感性を磨く実技を中心とした学科群。
表現領域は音楽・美術を柱に、デザイン、映像など多様化している。

芸術学部
Faculty of Fine Art

芸術学部

げい じゅつ がく ぶ

さて、なにつくろっか

こんな人に
おすすめ！

絵や音楽が好きで情熱がある

求められていることに
要領良く応えられ、
物事のつじつま合わせが上手

社会の問題を
アートで解決したい

アウトプットの
引き出しが多い

性格 1 位
個性的で表現力豊か

性格 2 位
好奇心旺盛でわくわくを求める

FACULTY OF FINE ARTS

性格 3 位
自立心が強く我が道を進む

この学部ってどんな学部？

 カリキュラム
CURRICULUM

芸術学部では、美術と音楽をメインに、広告や企業の商品のパッケージなど社会的なニーズにマッチしたデザイン、映画や演劇、写真、放送など各種の芸術を学びます。最近ではゲームやアニメ、CG動画など学べる内容に広がりを見せています。芸術学部のほか、音楽学部や美術学部・造形学部・デザイン学部などもあり、音楽教育や美術教育に歴史と実績をもつ伝統校も少なくありません。

「芸術とはなにか」を理論的に研究するタイプの芸術学科を除き、基本的には実技に明け暮れる日々を過ごします。

美術学科やデザイン学科では日本画、洋画、彫刻、グラフィックデザインなど専攻するジャンルの基礎的技法を習得したうえで自分の想いを無限に広げて独自の表現を形にしていきます。

一方、音楽学科では声楽やピアノ、バイオリン、トランペットなどに分かれ、個人レッスンを重ねて演奏に必要なテクニック、表現力、合奏能力などを身につけます。

 **学生の持ち物**

①MacBook…イラストを描いたり、デザインをしたりと、課題をするにもなにかと欠かせない相棒的存在。作品のプレゼンに使うことも。②アジャスターケース…ポスターやデッサンなどの保管や持ち運びに使います。通称はバズーカ。

DATABASE

学部を選んだ理由
Reason for application

 1 学びたい内容があるから

 2 その他
「人間関係が卒業後も濃密に続くと聞いたことがあるから」 など

 3 就きたい職業があるから
【卒業後の進路】 デザイン事務所／一般企業のデザイン職／出版・印刷系企業／アーティスト　など

学生数
Student population

大学生全体の約 **3%** がこの学部

分野別ではデザインを学ぶ学生が多く、以下は音楽、美術の順。

男女比
Gender ratio

約 **31%** ： 約 **69%**

女子の比率は、音楽で約77%、美術約73%、デザイン約67%です。

入学後、学部へのイメージは？
Impression

62% 変わった！

38% 変わらない！

「もっと高尚な場かと思ったが意外と普通」とする声が。「学びの自由度が高い反面、自ら動かないとなにも始まらない」という意見も。

「いろいろな人がいて面白い！」「オタクが多い」という学部へのイメージが目立ちました。

学部用語
Vocabulary

定番

PD
【意味】 プロダクトデザイン学科の略。名称が長いデザイン系の学科名を略すのは定番。

Command＋Zしたい コマンドゼット
【意味】 やり直したい。アナログの作品製作や人生に失敗したときに用いる。パソコンで「ひとつ戻る」の機能をもつショートカットキーから。
【用例】 「うわ〜、単位落とした。コマンドゼットしてぇ〜」

ホント!?

グルコン
【意味】 グループコンサートの略。音楽科などで、複数の学生が参加しコンサート形式で行う実技試験の一種。
【用例】 「グルコンの曲、決めた？」「定番だけど『バッハ』にした」

特徴
Characteristic

芸術系学生の就職状況

建築・土木・測量技術者 3.3%
情報処理・通信技術者 3.9%
その他 7.1%
教員 4.9%
サービス職従事者 6.3%
その他の専門・技術職 8.0%
美術・写真・デザイナー・音楽・舞台芸術家 33.6%
販売従事者 15.8%
事務従事者 17.1%

（文部科学省「学校基本調査2019年度」より）

芸術系の学部はなぜだか就職に弱いと思われがちですが、幅広い分野に就職しています。ただ、画家やデザイナー、演奏家など芸術家への道は確かにちょっと険しい道のりかも……。

絵具や粘土で汚れた服は、その後作業着へと変わる……。

大きなキャンバスなどを抱えて歩く姿は、まるでキャンバスが歩いているよう。

キャンバスが歩いとる…

キャンバス…

ごみ箱は素材の宝庫

ゴミ置き場

ゴミ

使用済みの木パネル

コラージュに使えそうな布片。

100均のミニイーゼル

Gakubu
学部あるある
Aru-Aru

【芸術学科】

あらゆるアートについて「美とはなにか」を問う

　芸術学科は、文学部などの人文科学科系の学科に置かれるケースと、芸術系の学部に置かれるケースがあります。前者の場合は、美術、デザイン、文学、映像、音楽、演劇、建築、ファッションなどあらゆるアートについて理論や歴史に主眼を置いて学び、「美とはなにか」を追究したり、芸術分野のビジネスやマネジメントで活躍できる人材を育成する学科であることが多いです。後者の芸術系の芸術学科は、美術・デザイン分野に的を絞り、実質上、美術学科やデザイン学科と同じというものがほとんどになります。

PICK UP!!　ユニークな卒業論文のテーマ

●東宝ゴジラシリーズにおけるゴジラ像の変化について
●音楽とファッションの関係性 一戦後イギリスの若者文化一
●劇団四季と浅利慶太における芸術と経済の問題
●『受胎告知』に見るルネサンス期の聖母マリアの描かれ方
（明治学院大学公式サイトより）

1

【美術学科】

アナログからデジタルまで幅広く、"描く"、"造る"ことを学ぶ

　美術とひと口にいっても、日本画、洋画（油絵）、版画などジャンルはいろいろあって、学科内に日本画、油絵、彫刻などの専攻・コースを置く大学が多く、創作を主体とした教育を行っています。例えば油絵専攻では油彩、水彩、アクリルなどの技法を学びつつ、複合的な絵画表現の研究と創作を行います。学生の個性を伸ばすため個人指導を中心としたマンツーマン教育で、十分な見識と技術を身につけた表現者を育成することを目指しているのです。
　美術学科・美術科のほか、造形学科と称したり、絵画科、日本画学科、油絵学科、彫刻学科など細分化された学科を置くケースもあります。

PICK UP!!　日本画や洋画だけじゃない

絵を描くだけではなく、彫刻やコンテンポラリーアートなどと呼ばれる近代美術に挑む学生もいる。

2

芸術学部のおもな学科

実践的な学びで就職率も高い！

　私たちの身の回りにあるもののほとんどはなにかしらのデザインの結果の産物です。それを手がけるデザイナーを養成するのがデザイン学科。デザインのジャンルはグラフィック、インダストリアル（工業製品）、インテリアなどさまざまで、専攻やコースを用意する大学がほとんどです。例えば、ビジュアルデザイン専攻だったらＣＧ、広告、ゲーム、ファッションなどのデザインを、プロダクトデザイン専攻だったら乗用車、家電製品、照明器具、スポーツ用具などのデザインを学びます。

　勉強する内容は実践的で、架空の商品をデザインする課題などが出ます。また、商品として自分の課題をプレゼンテーションするスキルなども学べます。グループワークで商品開発することも。そうした能力が即戦力として企業に認められるため、デザイン学科は就職率が良い学科としても知られているのです！

PICK UP!! 　先輩に聞く！　講義のすすめ

- ●映像論
  現場の第一線で活躍する豪華なゲスト講師の話が面白い。
- ●デザイン実技
  映像、シルクスクリーン、ポスター、本づくりなどいろいろなことができる。

3

作曲や指揮などの専攻も

　音楽の楽器の演奏法や歌い方を習う学科。ひと口に音楽といってもヴァイオリンなどの弦楽、フルートなどの管楽、バスドラム（大太鼓）などの打楽、ピアノ、作曲、指揮、歌を歌う声楽など、学ぶ範囲はとても幅広いので、ジャンルごとに専攻・コースを設け、ひとつの楽器（あるいは声楽、作曲、指揮）に絞って技術を高めるのが一般的。

　卒業後、プロの演奏家や歌手となれる人はごくわずかですが、教員や音楽教室の講師になるなどの道があります。

PICK UP!! 　専攻の例はこちら！

- ●ピアノ専攻　　●声楽専攻　　●管弦打楽器専攻
- ●音楽創造専攻（作曲コース、メディアデザインコース）
- ●音楽療法専攻　　●演奏専攻（特にプロを目指す）
- ●教職実践専攻　　●パフォーマンス総合芸術文化専攻
- （東邦音楽大学音楽学部音楽学科より）

4

【工芸学科】

日本古来の伝統の技も身につけることができる

　陶芸をしたり、金属や木、ガラス、布などを加工したりしてモノづくりを行うのが工芸学科。漆塗りや布を染める染織の技術なども学べます。日本古来の伝統的な技術を習得することも可能です。例えば金属加工なら、金属を溶かして好みの型に流し込む"鋳金"、金属を叩いて加工する"鍛金"、金属を彫る"彫金"の技法があります。入学後は伝統技法や素材について学んで工芸に対する知識と技術を身につけ、その後は陶磁、漆工、木工、金工、染織などの専門に分かれ表現性と創造性を高めていきます。第一線で活躍している工芸家から現場の話を聞いたり、産地や工場に出かけて体験実習を行うなど、さまざまな角度から表現の可能性を探ります。

PICK UP!!　コースや専攻の例はこちら！

●京都市立芸術大学美術学部工芸科＝陶磁器専攻、漆工専攻、染織専攻
●大阪芸術大学芸術学部工芸学科＝金属工芸コース、陶芸コース、ガラス工芸コース、テキスタイル・染織コース
●金沢美術工芸大学美術工芸学部工芸科＝陶磁コース、漆・木工コース、金工コース、染織コース

5

【映画学科】【映像学科】

映画・テレビ業界での活躍を目指して

　映画、テレビ番組、ビデオ、コンピューター・グラフィックスなど、表現・芸術ジャンルのひとつである映像について学ぶのが映像学科。映画に特化した映画学科も数は少ないですが存在します。いずれも将来、映画やテレビなどの業界でプロとして活躍できる人材の育成を目指す学科ですが、そこはとても狭き門。

　映像の撮影・編集はもちろん、脚本・演出、監督から演技、俳優といった技能まで学べます。ほかに、舞台芸術学科や演劇学科などもあり、文学部で映像について学べる大学もあります。

PICK UP!!　施設をのぞいてみると……

学内スタジオをもつ大学も多く、放送局などで実際に使用されている映像・音響・照明機材を使用して撮影実習を行うことも。

6

索引

Index

索引

PRODUCTION STAFF

イラスト

けーしん

京都府出身のイラストレーター。
京都造形芸術大学情報デザイン学科イラストレーションコース卒。
どの学部も楽しんで見ていただけると嬉しいです。

デザイン	野条友史(BALCOLONY.)
執筆協力	二本木昭
編集協力	佐藤玲子、高木直子、宮澤孝子、宮下豊秀
販売促進	冨澤嵩史
データ作成	株式会社 四国写研
企画編集	株式会社学研プラス 石本智子

SPECIAL THANKS

全国大学生活協同組合連合会(全国大学生協連)
全国大学生協連 各ブロック学生委員会事務局(北海道・東北・東京・東海・関西北陸・中四国・九州)
麻布大学生協／大阪大学生協／お茶の水女子大学生協／鹿児島大学生協／埼玉大学生協／千葉大学生協／東北大学生協／新潟
大学生協／宮崎大学生協／明治薬科大学生協 ≪50音順≫
合格サプリ 編集スタッフ／東京藝術大学・早稲田大学・富山大学の学生の皆様

■読者アンケートご協力のお願い　※アンケートは予告なく終了する場合がございます。

この度は弊社商品をお買い上げいただき、誠にありがとうございます。本書に関するアンケート
にご協力ください。右のQRコードから、アンケートフォームにアクセスすることができます。
ご協力いただいた方のなかから抽選でギフト券（500円分）をプレゼントさせていただきます。

アンケート番号：　　　　　304912